赵鼎新 著

什么是社会学

Simplified Chinese Copyright © 2021 by SDX Joint Publishing Company.
All Rights Reserved.
本作品简体中文版权由生活·读书·新知三联书店所有。
未经许可,不得翻印。

图书在版编目(CIP)数据

什么是社会学 / 赵鼎新著. —北京:生活·读书·新知三联书店,2021.4(2023.10 重印)
(乐道文库)
ISBN 978 - 7 - 108 - 07037 - 1

Ⅰ. ①什⋯ Ⅱ. ①赵⋯ Ⅲ. ①社会学-普及读物
Ⅳ. ①C49

中国版本图书馆 CIP 数据核字(2021)第 004033 号

责任编辑　王婧娅
特约编辑　周　颖
封面设计　黄　越
责任印制　洪江龙
出版发行　生活·讀書·新知 三联书店
　　　　　(北京市东城区美术馆东街 22 号)
邮　　编　100010
印　　刷　江苏苏中印刷有限公司
排　　版　南京前锦排版服务有限公司
版　　次　2021 年 4 月第 1 版
　　　　　2023 年 10 月第 4 次印刷
开　　本　889 毫米×1092 毫米　1/32　印张　5
字　　数　103 千字
定　　价　39.00 元

目　录

总论　什么是社会学 · 001

第一章　结构和机制 · 007

什么是社会结构？· 009

惯习和权力 · 011

社会不是系统，社会结构不见得有功能 · 015

宏观社会结构、变量和机制 · 018

中层理论和社会机制 · 020

什么是社会机制 · 023

机制和定理/法则 · 028

普适机制和特殊机制 · 029

特殊机制到普遍机制的抽象 · 031

特殊机制的重要性 · 032

涌现机制 · 035

还原论的得失 · 038

正反馈机制与负反馈机制 · 043

社会学中的三个"交互演化" · 045

符号互动 · 049

社会关系网络 · 052

制度和新制度主义 · 054
　　生态 · 062
　　证明常识的意义 · 066

第二章　**机制解释的问题** · 071
　　机制和宏观结构 · 074
　　结构/机制和行动者 · 077
　　归纳还是演绎 · 084
　　机制解释所面临的"过度决定"
　　和"重要性多变"难题 · 091

第三章　**机制解释弱点的弥补** · 101
　　准实验方法 · 105
　　排除其他可能解释 · 110
　　把机制置于事件顺序和历史情景之中 · 115
　　反事实推理 · 118
　　加大被解释问题的信息量 · 126

结语 · 137

参考文献 · 144

总论　什么是社会学

中国学者，当然也包括绝大多数西方学者，一般都会把社会学当作近代西方科学发展和公民社会发展相结合的产物，或者说对于西方来说它也是个较为新生的事物，而对于中国来说则是一个"舶来品"。翻开任何一本社会学的入门教材，此书很有可能会向读者介绍说孔德是社会学的创始人，马克思、涂尔干和韦伯（也会加上托克维尔、齐美尔等其他一些西方学者）是现代社会学的奠基者，并且给你讲述一个由著名欧美学者串起来的社会学发展谱系。此书同时也会描述社会学各个子学科的经验研究和理论发展，其中既包括社会分层、社会流动和社会变迁等社会学的经典领域，也包括对于各种现代社会现象的研究，比如民族国家形成和族群冲突、工业资本主义和经济发展、社会运动和革命、政党、工人和工人运动、现代农业和农民、福利国家、公共卫生、全球化、民主化、宗教和世俗化、专业化、国际关系和战争、传播、文化、人口和移民、环境、性别、认同感政治、家庭、教育、体育、组织和社会网络、人类社会性交往和社会心理、犯罪、包括科学和艺

术在内的知识生产等等。我不会说这种对于社会学的理解是错误的,因为这一理解在很大程度上反映了社会学在近代西方的发展过程以及一些相应的事实,但是我想强调,这种理解并没有能抓住社会学的一个更为关键的本质,那就是社会学的核心在于它是一个独特的看问题和分析问题的视角,并且这一视角并不是近现代西方人的创造,而是人类认知的一个普遍特征。

我们每天应该都会碰到,或者不得不思考和回答诸如以下的问题:某人为什么能去世界一流大学上学?某个公司的业绩为什么这么好?某个地区民众的思维和生活方式为什么要比其他地区更传统?为什么某个国家的经济要比另外一些国家发展得好?为什么某个国家要比另外一个国家缺乏原创力?为什么某些西方国家在这次新冠病毒抗疫过程中表现比较差?为什么某个国家在某个战争中获得了胜利?为什么某个宗教要比另外一些宗教发展得快?对于这类差异性社会现象我们当然会有不同的答案,但是总结起来这些答案在逻辑上都跳不出以下两类形式。以第一个问题为例,对于这个问题,第一类型的回答可以是:此人的父母有钱,他从小就受到了良好的教育,因此能去世界一流大学上学。或者:此人的家庭地址正好坐落在一个好的学区,受到了良好的教育,因此能到世界一流大学上学。或者:此人周围有一批好学的朋友,大家学习都很刻苦,因此能去世界一流大学上学。第二类型的回答则可以是:此人初二时遇到了一个好老师,从此爱上了学习,因

此上了一个世界一流大学。或者：此人因为初三那年数学课没有及格而发愤学习，从那以后成了一个好学生，因此能到一个世界一流大学读书。或者：某男生在初一那年悄悄爱上了班里一个成绩拔尖的女生，为了获得该女生的注意和垂爱，该男生从此认真学习，成了班里的好学生，因此考上了一个世界一流大学。

可以看出，第一类型给出的答案很不相同，但是这些回答都遵循以下叙事逻辑：某人能上好大学因为背后有着阶级、社区或者社交网络等等的结构/机制性原因。第二类型的答案也可以很不相同，但是这些回答也都遵循着同一叙事逻辑：某人能上好大学是因为他人生的某一阶段出现过"遇到了一个好老师""考试没及格""暗恋上了某个女生"等等具有转折点意义的事件。

2020年，伴随着新冠病毒在国内外的快速传播，网上网下出现了多种文章。但是这些文章也都遵循着两个逻辑原则：或者是通过时间表的建构，或者说通过各种结构分析，来考察这次新冠病毒得以在某个国家蔓延，甚至大规模蔓延的原因。我们一般都熟知中共党史，但是你可能没有仔细想过，当我们在分析为什么中国共产党能取得革命胜利这一非常复杂的问题时，也跳不出事件/时间序列叙事和结构/机制叙事这两大基本叙事形式。毛泽东的《中国社会各阶级的分析》《中国的红色政权为什么能够存在？》《星星之火，可以燎原》等早期著作都试图从中国社会的一些结构/机制特征来阐述中国革命的可能性（毛泽东1966），

其中若干文章堪称结构/机制叙事的典范。但是关于中国革命叙事还有一个以五四运动和共产党成立、第一次国共合作、四一二政变、八一南昌起义和秋收起义、五次反"围剿"、长征、遵义会议、西安事变、延安整风、三大战役等等具有转折点意义的重大事件串起来的分析传统。这一党史叙事传统遵循的就是事件/时间序列叙事的规则。

可以说，结构/机制叙事和事件/时间序列叙事是人类在描述和分析社会现象时所采用的两类最为基本的叙事形式。历史学是一门以事件/时间序列叙事为基础的学科，而社会学则是一门以结构/机制叙事为基础的学科。因为事件/时间序列叙事和结构/机制叙事是人类仅有的两种最为基本的建构叙事的形式，历史学和社会学也就成为社会科学中的两个最为核心的基础学科（另外一个是心理学，关于它的特点本书不准备涉及），或者说它们是其他专题性的应用社会科学学科——比如法学、商学、管理学、传播学、社会工作学、宗教学（在一定意义上甚至应该包括经济学和政治学）等学科——的母学科。简而言之，社会学是一门建立在结构/机制叙事基础之上的社会科学学科，根据所涉及社会现象的方方面面，同时产生了许多子学科，比如知识社会学、国家社会学、经济社会学、宗教社会学、政治社会学、环境社会学、传播社会学、教育社会学、法律社会学、犯罪社会学、社会心理学、文化社会学以及社会人口学等等。

基于以上对社会学的理解，我不认为社会学是来自欧

美世界的"舶来品",因为先秦思想中就透露着大量的社会学思维。比如,"正名"是孔子思想的一个核心,但是"正名"思想背后蕴藏着这么一个非常重要的社会学原理:社会不平等并不见得一定会带来政治不稳定,只有当处于上层的人士不能履行他们所应当承担的社会责任时,或者说不平等失去了社会功能时,它才会成为政治不稳定的一个源泉。还比如,在老子的"贵弱"思想背后蕴藏着一个对于致力于寻找"常道"的西方社会学家来说是非常难以真正理解的结构性原理:任何性质的社会组织、思想和制度,随着它们变得强大,削弱它们的社会力量和社会机制也会变得越来越重要(赵鼎新 2019)。孟母肯定对结构/机制视角也有深刻的理解,否则她是不会为了教育好孟子而"三择邻"的。用现代社会学术语来说,我会说孟母非常懂得"社区影响"(neighborhood effect)的重要性。

讲到这儿,读者也许会认为社会学很简单。毕竟,我们每一个人肯定都在自觉和不自觉地进行着社会学思维。毕竟,社会学家对于一些具体的社会现象的分析并不见得一定就正确,而一个外行对于同一社会现象的分析也不见得一定就是错的。但是社会学这门学问其实非常复杂。它的复杂在于这种看似简单的结构/机制分析背后蕴藏着许多在一定程度上是相互关联的,同时也是不可能完美解决的难点。笔者准备在这本小册子中讨论作为社会学基础的三个最为核心的问题:(1)什么是社会结构和社会机制,以及围绕着社会结构和社会机制而衍生出的各种理论问题;

（2）结构/机制解释在方法层面所必须面对的三个难以完全克服的矛盾（即微观和宏观的分离、结构/机制和行动者的紧张以及归纳和演绎的紧张），以及结构/机制解释在经验层面所面临的"过度决定"和"重要性多变"这两个难以完全解决的问题；（3）针对结构/机制解释在经验层面上出现的一些问题目前有什么解决方案，以及这些解决方案的局限是什么。在本书的结论部分，笔者会简要讨论社会学理论所涉及的其他方方面面，并且想着重指出，这些方方面面的存在多少都与以结构/机制为基础的社会学分析的一些关键难点和弱点有关。

第一章 结构和机制

如果说社会学是一门从结构/机制视角出发对于各种社会现象进行分析和解读的学问,接下来我们必须回答如下的问题:什么是社会结构?什么是社会机制?社会结构和社会机制是什么关系?二者又是怎么产生的?笔者想在本章中就这些问题,以及其他一些由此衍生出来的问题展开讨论。

什么是社会结构?

/

一滴墨水滴入一盆清水后首先会聚集在滴入的地方。这时候你就能看到如下的一个"结构":滴入地方的水黑乎乎一团,而其他地方则仍然清澈。但是墨水随后就会按照"布朗运动"这一机制性规律慢慢散开,直至整盆清水成了浑汤。所谓的结构指的就是物质、人员、社会行动或者信息在时空中的某种可被观察、描述和分析的异质性分布。地理气候和植被条件、城市街道和楼房分布、楼房的式样

和城市交通等等都具有异质性的结构特征。

社会结构也是如此。美国老人多并且平均教育水平比较高，而印度则是青年人多并且平均教育水平低。这就构成了美印两国人口结构的两个不同的面向。工业革命后不拥有生产资料的工人成了社会生产的主体，构成了现代社会的结构性的生产方式。传统社会男女极其不平等，而当代社会女性的性别意识日趋提高并且男女在各个方面趋于平等，构成了不同的性别关系结构。当代有些国家施行的是三权分立的两党或者多党体制，而有些国家则施行一党主导的威权体制，构成了不同的政治结构。有些组织或社会中人与人之间有着紧密的联系，而有些组织和社会中人与人之间关系松散，构成了不同的社会网络结构。不同的群体往往会有不同的观念，构成了不同的观念结构。每一个社会都会有大量不成文的，但是大家多多少少都要懂得并且遵循的行事方式甚至是制度化了的"潜规则"，构成了不同的制度性结构。个性很强并且很有权势的领导人的个性往往会转化为组织的个性，构成了组织制度结构的一个源泉。大到国家的法规和政策，小到一个单位的规章制度，由这些法规或规章产生出来的种种限制、机会和漏洞不但型塑了相关个人和群体的行为，并且对不同的个人和群体也会有完全不同的影响，这些都构成了法规规章诱发性结构。汶川大地震后我们国家在救灾和灾后重建方面投入了大量的资金援助，这些资金改变了汶川乃至周边地区的道路交通、住房社区、经济、家庭收入，以及其他方方面面

对每一个置身其间的民众的生活及生活方式都有着重大的结构化力量的条件，构成了重大事件引发性或者说政策诱发性结构。就社会学来说，结构的重要性在于它对于我们行为的方方面面有着重要的，甚至是关键性的型塑力量。

惯习和权力

诸如山川地貌等自然结构的存在往往是不以人的意志为转移的。即使是建筑结构，虽然它是人为的产物，一旦形成后它就会对人的行为产生许多不完全受人的意志左右的结构性效果。汶川地震之后的救灾和重建工作是国家的政策，但是这一政策也对相关的地方政府、政府官员以及当地民众产生了大量的决策者预设的或没有预料到的结构性后果。但是有些社会结构则不同：某种习俗之所以存在是因为许多人每天都在按这一习俗行事；明星文化之所以存在是因为有许多人热衷于追星；某类时装之所以得以流行是因为许多人都在买；两个国家最终成为"敌国"往往是因为双方在初期都对对方的意图和行为做了从坏预设。可以说，相当一部分社会结构是人的观念和相应行动的产物，它是我们的一些具有普遍性的"惯习"（habitus）的反映（Bourdieu 1977，1992），有着一个"结构化"的过程（structuration）（Giddens 1984）。一旦我们改变了某一方面的观念和行为方式，其相应的结构性社会现象也就不复

存在。

布迪厄的"惯习"概念和吉登斯的"结构化"概念都强调了我们每一个人的观念和行为对于社会结构的形成和持续的贡献，但是并不是所有的社会结构都存在于我们的观念之中。举两个微观层面社会结构形成的例子：人是群体性动物。人与人之间的联系构成了社会关系网络（social networks）。不少人际交往的网络结构特性，比如说同类相吸现象（homophily），都是在人际互动过程中涌现出来的结构特征（emergent properties），并不会因为每一个人的观念和行动方式的改变而消失。人还是社会心理动物。在人与人互动过程中所涌现出来的大量的结构性社会心理学特征，比如说在与权威人士交谈时我们一般会紧张、在他人行为和说话方式与自己期望有很大不同时我们更容易生气、在不同人面前我们经常不得不以不同的方式来进行交谈等等，也不会因为每一个人的观念和行动方式的改变而消失。我同时也想强调并不是所有的社会结构都是我们每一个人行动叠加的产物。在具体的社会中，不同的组织和个人所掌握的权力和资源可以有非常巨大的差别，因此他们对某一社会结构形成和持续做的贡献也肯定有很大的不同。比如，明星之所以存在不仅是因为许多人热衷于追星，更是因为某些掌握着各种资源的公司、组织或者个人为了商业利益在制造明星；某类时装之所以流行不仅因为许多人都在买，更是因为各名牌时装公司为了商业利益在制造各种品牌。举一个极端的例子：生活在 1966 至 1976 年间的绝大多数成

年人应该都受到过"文化大革命"的影响和冲击,但是"文革"这一社会结构的形成则主要是定于一尊的毛泽东的思想观念及其行动的结果,绝大多数的中国人乃至中国共产党的广大干部都是被卷入其中的。我想指出的是,在某些场合下一小部分人甚至一个人的观念和行为都能成为整个社会的结构化力量。可以说,布迪厄的"惯习"和吉登斯的"结构化"理论忽视了社会权力的严重不均匀分布这一基本事实。

布迪厄和吉登斯的"忽视"并不简单地是出于大意——这个级别的学者是不可能这么大意的。他们"忽视"的背后反映的是现代社会的巨大变迁。早先的社会学家并不是不知道社会结构是人的观念和行动的产物。但是传统社会中不平等现象非常严重,或者说社会权力在社会中有着极其不均匀的分布,因此社会上呈现的大量的"结构化"现象的背后推手从来就是一小部分掌握着各种权力和资源的精英,普通人的贡献非常小。但是二战后,西方社会的民主化进程有了进一步发展,不但妇女地位有了很大提高,并且平权运动朝着包括少数族裔、同性恋者等等的原先的边缘群体在扩展。20世纪六七十年代后不断壮大的欧美新左派运动更是把社会平等推向了一个新的高度。在新的社会条件下,大众的政治参与度在加大,给了普通民众一种原来没有的权力感(虽然各种"精英"其实仍然主导着西方政治的方方面面)。显然,在西方社会的权力关系发生了重大变化后,即使是像布迪厄和吉登斯这样级别的社会学

家也开始对世界上普遍存在着的极其不平等的权力关系不再有切肤之感。

以上我对布迪厄的"惯习"和吉登斯"结构化"概念产生背后的结构性原因进行了分析。这种对于某种"知识"产生背后结构/机制性原因的分析属于知识社会学范畴，它是人类反思自己知识生产规律及其局限的一个重要手段。本书在分析各种社会学知识的产生和发展中会不断运用这一思维方法。

社会结构既是客观事实也是人为的建构。同一个案例在不同的问题意识下往往会有着不同的结构。比如，面对计划经济时代的一个工厂，当我们分析该厂的生产为什么搞不上去时，我们可能会发现"干多干少都一样"（即搭便车现象）是其背后的结构性原因。但是当我们想分析为什么这个厂中有人得不到升迁而有人则升迁很快时，搭便车肯定就不再是一个重要的结构性因素。不同的案例在同一问题意识下也可能会引出相同的结构性原因。在《专制和民主的社会起源》一书中，摩尔（Moore 1966）分析了在现代化的道路上为什么英国、法国和美国走向了议会民主道路，日本走向了法西斯道路，中国走向了共产主义革命。他指出这些国家之所以走向不同的发展道路其背后有着同一的结构性原因：现代化到来之前该国家的农业商业化程度，以及相应的阶级关系。前现代英国的高度商业化的农业导致了更偏好民主制度的资本家和工人力量的强大。他们与国家统治者和传统社会精英之间的冲突和妥协是英国

发展出议会民主的关键。前现代日本有着高度商业化的农业。但是日本的农业生产却由大名和商业化武士等传统政治精英主导，并且传统农民并没有在日本高度商业化的农业结构中转变成现代意义上的工人。大名和武士更偏好专制制度，而他们对农民的传统剥削方式则强化了阶级斗争。日本社会就在这激烈的阶级斗争中走上了法西斯道路。中国在现代化到来之前农业的商业化程度相对低下，传统社会精英并没有得到摧毁，而大量的拥有小土地的农民根本就无法抗拒资本主义大生产。破产的农民因此很容易走向极端，为共产主义革命提供了土壤。

社会结构可以是一小部分人行动的结果，也可以是许多人行为和互动方式的结晶；社会结构在微观和宏观多个层次得以呈现；社会结构既是事实也是我们针对具体问题意识所进行的建构。社会结构的多重特性决定了各种社会结构理论还会不断出现，但是定于一尊的理论则很难想象。

社会不是系统，社会结构不见得有功能

"社会系统""系统工程"是领导人报告和国内报章杂志中经常出现的词语。但是把生物世界和机械系统与人类社会做简单类比是非常成问题的。生物行为都是由本能决定的，结构和功能的关系在生物世界因此具有高度的统一性。老虎的尖爪利齿这些"结构"使它能成功实现捕食这

一"功能"。蜜蜂的刺这一"结构"使得它获得了攻击对其造成威胁的动物这一"功能"。在生物世界，任何功能需要都会有相应的结构配置。凡是存在的，都是合理的（也有极少数的例外，比如盲肠这一结构在人体中基本上失去了其原有的功能）。生物学家因此都是结构功能主义者，同时生命现象结构和功能的高度统一也给了生物世界强大的系统特征。但是人类是一种能用策略取胜和能进行自我论证的动物，并且人类还能够通过组织和各种强制性手段来达到目的。人的这些特性破坏了在自然世界中广泛存在的结构和功能的统一。人类社会因此不具有生物世界中所有的系统特征，或者说人类作为社会行动者可以把自己所处的社会的系统特征搞得混乱不堪。

人类的行动不断地在制造、维持和破坏社会结构，或者说任何社会结构都具有不同程度的可变性。人作为统治者可以创造各种制度和非制度性结构以维持特权，作为机会主义者可以采取多样方法从各种制度和非制度性结构的漏洞和缝隙中为自己拿好处，作为普通人可以通过各种方法来逃避各种对自己不利的制度和非制度性结构，作为反抗者则可以破坏各种制度和非制度性结构的有效性，甚至摧毁这些制度和非制度性结构。人也可以运用意识形态来论证自己所认可的行为的合理性，或者不被自己认可的行为的不合理性。对于人类社会来说，存在（结构）绝不能被简单地理解为合理（功能）。这当然不是说任何社会存在都没有合理性可言，但是存在和合理的关系变得可紧可

松——强权、洗脑和精英联盟可以维系"不合理"的存在，"合理"的存在也总是可以被极端主义者看作特权的需要。我给不合理和合理都打上了引号是因为一旦结构与功能失去了紧密的关系，任何一种对现存社会结构和制度的正面或负面论述都很难完全跳出论证者本身的价值观、企图甚至是潜意识。社会学家首先要破除结构功能主义的思维，但是真正能做到这一点的非常之少。社会学中的一个突出的现象就是坚持"冲突论"的学者同时也会显得特别功能主义——因为他们的价值倾向往往会使他们在面对与自己价值观和利益相符的事物时采取保守的结构功能主义视角（赵鼎新 2015）。

破除系统观和结构功能主义论对于中国人来说尤为重要。中国的主流政治学家有着很强的论证权力和现实的合理性的本能和欲望，而中国的人群中以下两类人占了绝大多数：保守的功能主义者和极端的冲突论者。

因为社会不是一个系统，历史发展也就不会遵从任何统一的规律。任何系统性的社会理论——无论是结构功能主义、社会达尔文主义、自由主义［特别是福山（Fukuyama 1992）提出的自由主义历史观］、马克思主义还是进步主义——都无一例外是对社会本质和历史发展规律的误解。从这个意义上来说我非常赞同本书马上就会提到的由默顿倡导的以中层理论为基础的经验研究以及当今许多社会学和政治学家所提倡的以机制为核心的经验研究。但是我在本书中同样想强调，由于人的策略性行为和自我论证性行为的干扰，

以机制解释为核心的中层理论其实也走不了多远。系统性理论和中层理论所造就的空缺给虚无主义提供了市场。这就是为什么当今世界的主流历史学家都会认为历史是非发展的、没目的的，每个历史都是自己的历史（Every history is its own history.），而后现代主义者则对人类的认知能力产生了全面怀疑，从而以解构和批判现有知识为己任。

宏观社会结构、变量和机制

一个宏观社会结构可以从多个面向来影响相关人群的行为。比如，人口这一宏观结构包括了人口密度、年龄、教育水平、经济地位、宗教信仰、族群认同等等多个可以影响个人和集体行为的面向。宏观社会结构的某一个面向也可以在多个方面影响相关人群的行为。比如，在其他条件不变的情况下，某一地区的人口密度高到一定程度后，该地区人与人之间的竞争会趋于激烈，生育率就会减低，外出移民就可能会增多，并且发生流行病的可能和死亡率就会增大。在社会学中，我们把能影响人行为的一个具体的结构性面向称为一个自变量。在以上例子中，人口密度就是一个自变量，而那些随着人口密度的变化而产生变化的竞争激烈程度、生育率、移民、流行病和死亡率则被称为因变量。

宏观社会结构与人的行为方式之间的关系往往比较复

杂，但是某一个被加以明确定义的自变量（比如某一地区的人口密度）对因变量（比如该地区相关人群的生殖和迁徙行为）的影响则比较明确，并且之间的因果关系也比较清楚。当某一因果关系十分明确，并且其产生原因也解析得非常清楚的话，那么这一固定的因果关系就构成了一个社会机制。在社会学中，当我们说两类社会现象之间有因果关系时，这既可以指解析得非常清楚的微观层面的机制性关系，也可以指包含许多清楚的甚至是不清楚的机制性关系的宏观结构性因果关系。

在社会学中，变量（自变量→因变量）思维与以结构/机制为基础的因果关系思维有很大的相似，但他们之间也有一些重要区别。第一，机制指的是一对原因单一，并且已经解析得十分清楚的具有固定互动规律的因果关系，而变量只是对现有概念的测量（彭玉生 2011），两个变量之间在统计上的关联不见得就是因果关系的体现。第二，变量思维更适用于定量分析。质性研究所得出的因果关系（比如大饥荒对经历过饥荒一代的人的思维和行为方式的多方面影响）往往很难纯化成为排除其他成分，并且可以被量化测量的两个变量之间的关系。因此，在质性的机制分析中，变量往往只是一个比喻（metaphor）。第三，社会学中的结构/机制性因果关系没有固定的组合方式，并且某一因果关系在不同场合下的重要性高度可变（赵鼎新 2020）。面对这一复杂性，定量的变量分析手段十分有限。但是质性社会学的结构/机制分析却可以根据不同的问题意识，把社

会行动者的能动性和社会结构/机制对人的行动的限制加以结合，在时间/事件过程中进行比较灵活的分析。

中层理论和社会机制

早期的社会学家习惯于从宏观社会结构的视角来分析社会现象，但是这种分析方法有两个弊病。其一，任何社会都存在着多重宏观结构共存这一现象，而社会学家的价值观和个性会影响到他们对某些宏观社会结构以及与其相关的社会机制比较敏感，而对另外一些宏观结构和相关社会机制则比较麻木。涂尔干比较保守，在他的世界中"礼仪"和"规范"就成了人类社会得以存在的结构基础，而转型社会的矛盾则来自传统社会的礼仪和规范被削弱，新的可以整合社会的礼仪和规范尚没有形成。马克思强调经济因素，他因此就会认为生产方式是宏观社会结构的核心所在，是其他社会结构的母结构。韦伯比较平衡，在他的眼里宏观社会结构得以产生和维持的动力除了经济活动外，还有政治和宗教/意识形态活动，并且政治和宗教/意识形态活动也是人类的本源性特性，有着自己特有的宏观结构性规律。让我再举一个更为具体的例子：在分析为什么二战后大多数新独立国家的经济发展不起来这一问题时，强调外因的学者会归因于糟糕的地缘政治或者这些新独立国家与发达国家之间在经济上的不平等交换关系，强调内因

的学者会归罪于"落后"的文化或者滞后的现代国家建构，自由主义学者则会强调在某种宏观结构的制约下这些国家的资源得不到有效的配置。关键是，以上三个理论的背后都有清晰的机制性逻辑和相当的经验事实的支持，但是同时我们又能对每一个理论给出不同程度的反例。

其二是宏观结构与具体的经验解释之间往往存在着很大的距离，具体说就是一个宏观结构往往能促发多个，有时甚至是作用方向完全不一致的社会学机制。例如，一个给定时空中的人口密度可以说是一个宏观社会结构。但是人口密度的提高既会触发产生有利于经济发展的社会机制（比如，劳动分工以及市场规模都会随着人口密度的提高而增大），也会触发产生不利于经济发展的社会机制（比如，人口密度提高会导致劳动力过于便宜而影响技术的发展），它与经济发展的关系十分复杂。正因为如此，对于那些从宏观结构出发的分析，我们一般不但很容易在经验上举出大量的反例，并且其分析本身也很难在经验证据上做到丝丝入扣，逻辑上避免出现各种明显空白。

比如，前面提到过的摩尔对于为什么英国、法国和美国走向了议会民主道路，日本走向了法西斯道路，中国走向了共产主义革命这一问题的解释。摩尔是一个生产方式马克思主义者（mode of production Marxism）。该马克思主义学派的核心观点是不同的生产方式会在社会上造成不同的阶级利益和阶级矛盾，而这些利益和矛盾则是决定一个国家政治走向的关键。摩尔的《专制和民主的社会起源》

是一本旷世名著。他不但奠定了现代比较历史社会学的方法基础，并且我可以肯定任何人在阅读此书时都会学到大量的东西。但是，我也不得不指出该书的核心论点是经不起推敲的。比如，西安事变以及其后不久的日本全面侵华造成的结构性发展，对于中国共产党日后的成功来说是个关键：卢沟桥事变后日本军队在数月内占领了大量的中国领土。但日占区仍存在各式各样的零星武装力量——有国民党被打散后滞留下来的小股部队，有取得了各种流散武器而壮大了的民团、保甲、镖局和土匪武装，有各种自发组织起来的小股抗日武装，等等。八路军成了晋察冀敌后最大的武装势力后，不但能直接招兵买马，并且形成了一个磁铁效应，把各种越来越难以独立生存的小股武装吸纳、改造成自己的武装力量。这使得八路军在人数上从 1937 年的三万多人发展到 1940 年的近 50 万人。这一军队在百团大战和其后日本军队的反复"扫荡"过程中得到了实战锻炼，逐渐巩固和扩大了根据地及其对根据地的有效控制，从而为中国共产党革命的成功打下了基础。这一系列发展和中国当时的生产方式并没有什么关系。摩尔对于日本走向法西斯的分析，对英国、法国和美国走向议会民主的分析在今天来看都有很大的问题，鉴于篇幅我就不一一分析了。

为了避免从宏观社会结构出发的社会分析所带来的各种问题，默顿提出了"中层理论"（Merton 1967），即一种从具体的经验事实出发，通过经验材料来归纳出导致某一社会现象形成背后的因果机制（causal mechanism）的社会

学方法。中层理论的核心是机制，或者说社会机制。它是一个从机制或者具体的因果关系出发，而不是从各种宏观结构出发的社会学解释框架。当前西方大量的重量级社会科学家都认为社会科学的分析必须以机制为中心（比如：Coleman 1990；Elster 1989，1998；Hedstrom and Swedberg 1998；McAdam，Tarrow and Tilly 2001；Stinchombe 1991）。以机制解释为中心的社会学研究是当前世界社会学分析方法的主流。本章其余的篇幅就是向读者介绍什么是"社会机制"，什么是以机制为核心的社会学分析，机制分析是如何推动社会学发展的。

什么是社会机制

机制这一概念虽然重要，但是许多学者，甚至不少西方社会学领军人物，对此概念均不甚了了。与此相应，冠名为机制解释、实则与之无甚关系的文章在美国主流杂志上可以说是在不断涌现。国内学者对机制这一概念并不陌生，但是误用的现象可以说更为严重。例如，笔者在近年的《社会学研究》中随机选了九篇题目中含有机制两字的文章，[①] 这九篇文章一共声称了 12 个机制，[②] 但其中只有

[①] 因为这些都是已经发表的文章，笔者思考再三决定对其作者进行匿名处理。
[②] 其中有些文章提出了一个以上机制。因为文章题目中有机制两字，对于那些其实是没有机制的文章，笔者认定作者声称了一个机制。

五个是真正的机制,准确率仅达 41.7%。因此,我们首先必须给"机制"概念下一个更准确的定义。

埃尔斯特是政治学领域的一个重量级人物。他对机制下了如下定义(Elster 1998, p. 43):机制就是一个往往由未知条件所引发,并且后果不确定的因果关系。在这短短的一个定义中埃尔斯特竟然犯了两个错误。首先,引发机制的条件一般都是确定的。比如说价格规律这一机制的引发条件就是商品经济下的供需关系,搭便车这一机制的引发条件或者是只有人群没有组织,或者是组织缺失了激励手段,以致形成"干多干少都一样"这一局面。其次,机制的后果也应该都是确定的。就价格规律来说,供应量增加了,价格肯定下跌,反之亦然。在某些条件下某种商品的供应量上升并不见得会造成价格的下跌。但这不是因为价格规律的后果具有不确定性,而是因为其他因果规律的存在降低了价格规律在社会上的重要性。其实,埃尔斯特(Elster 1998)书中提出的不少机制性概念(比如适应偏好)并不是什么机制,而是对一类复杂现象的描述。

重量级社会学家麦克亚当、塔罗和蒂利(McAdam, Tarrow and Tilly 2001)也大力推崇以机制为中心的社会学研究,但是他们对机制也做出了有明显偏差的定义,并且他们把诸如生殖、扩散、协调和媒接(brokerage)等等这些背后有许多不同机制支撑的现象也当作了机制。但是正如我在一篇文章中指出(Zhao 2009),鸟类和哺乳动物都生殖,但它们的生殖机制却是完全不同的。生殖是需要被解

释的生物现象而不是解释其他生物现象的机制。扩散也是如此，时髦、谣言、意识形态、某种产品或者行为方式都需要扩散才能广而知之，但是上述社会现象有着多种不同的，并且每一种都是需要被解释的扩散方式。

我们也可以这么来理解：生殖、扩散、分化（differentiation）、模仿（mimic）等现象的背后都有多个不同的因果机制在起作用。如果我们硬要把背后都有多个不同的因果机制的现象称为机制的话，那么它们最多也就是一些对于社会学解释意义不大的非明确性机制（underspecified mechanisms）。从严格意义上来说，西方主流杂志发表的不少声称是以机制为中心的解释（以下简称机制解释）的文章中所提出的概念往往都是那些在解释学上没多大意义的非明确性机制。

笔者强调：所谓机制就必须是一组在控制条件下可被观察到的，同样也能通过推理获得的，因此是可以被解释的、因果链最短并且关系确定的结构性因果关系。在本书中，笔者经常会将结构和机制这两个概念进行互用，但是这两个相互紧密联系的概念其实有着根本性的区别。总体来说，社会学中结构概念的涵盖范围要更广，因为它既可以指某种有形或者无形的社会差异（比如人的贫富、建筑的不同空间结构、观念的差异、信仰和认同的不同等等），可以指某种来自国家或者机构的政策对于不同人群所造成不同的具有结构性的影响，也可以指社会机制（即固定的结构性因果关系）。一般来说，机制对于社会结构来说具有一定的

从属性。一个结构一般都会引发多种机制。不同的社会结构会引发不同的机制性因果关系,使得某些社会机制变为主导,而另外一些社会机制失去重要性。举例来说,价格规律是一个揭示了供需关系和价格之间固定因果关系的机制。但是价格规律只有在现代市场经济这一宏观结构下才会成为一个能主导社会发展的方方面面的机制。因为有形或无形的社会差异所形成的"结构"相对于机制来说更偏近于宏观,社会学中关于宏观结构和机制之间关系的问题讨论也被统称为微观-宏观链接(micro-macro linkage)问题。对此议题我还会专门讨论。

搭便车理论,即公共物悖论,也是一个大家所熟知的社会机制。在社会学中,公共物指的是一种对于大家来说都是需要的,并且一旦存在就没有办法被部分人垄断的物品。比如,和平、秩序、公正、清洁的环境等等都可以被看作公共物,因为它们一旦存在,作为个人无论你是否对它们的产生做出过贡献,你都能享有。公共物悖论可以表述如下:由于公共物的性质,每一个理性的人都会想让他人去付出代价为之奋斗,而自己坐享其成,并且人数越多,问题就越大,因为这时候单个人为某公共物奋斗的贡献和成功的可能性都会不断减小。这个机制告诉了我们如下的结构性因果关系:如果人是理性的话,那么随着由这些理性人所组成的群体不断增大,整个群体获取某种能让大家都获益的"公共物"的可能只会减少。不但"三个和尚没水喝",其实和尚越多,他们中有人愿意站出来到山下挑水

让大家喝的可能性就越小。公共物悖论这个机制在"干多干少不一样"的市场经济这一宏观结构下的私人企业中一般不起重要作用，但是在"干多干少都一样"的计划经济体制这一宏观结构下就会成为影响相关人群行为的一个非常重要的机制。

我们也可以换个角度来理解结构和机制的关系：在最微观层面，结构这一概念就等同于机制，或者说结构与机制这两个概念指的都是一组简单而固定的因果关系。但是对于比较宏观的社会结构来说，情况就会复杂一些。比如，当我们说大规模工人运动更容易在工业资本主义生产方式下发生时，我们指的是工业资本主义这一宏观结构会产生许多作用方向相似的、能促进大规模工人运动形成的社会机制。当我们说某些类型的国家更有利于经济发展，我们指的是这类国家的一些结构性的行为会激发许多方向一致的、有利于经济发展的因果机制。以上这些例子说明，当社会学家说两类社会现象之间有因果关系时，他们指的既可以是解析得非常清楚的微观层面的机制性因果关系，也可以是内部包含许多清楚的甚至是不清楚的机制性关系的宏观的结构性因果关系。

一组因果关系到底解析到哪一步才能说它是一个机制性因果关系？关于这个问题我认为并没有定论。比如，如果把搭便车理论这一机制做进一步解析的话，我们会发觉这其中至少包含以下三个机制：（1）当群体成员数量增加时，群体中每个个体在一个追求某公共物的集体行动中能做出的相对

贡献就会减少（如果在一个只有两个人组成的群体中你能提供二分之一的贡献的话，在一个由一百人组成的群体中你则只能提供百分之一的贡献）。因此，群体中每一个成员参与某一集体行动时的自豪感、荣誉感、成就感等感觉会降低。（2）当群体成员数量增加时，群体内人与人之间进行直接监督的可能性会降低。也就是说，在大群体内，一个人是否参加某一集体行动其他人往往很难知道。（3）当群体成员数量增加时，把该群体成员组织起来参加一个集体行动的成本就会大大提高。也就是说，大群体需要付出更大的代价才能发起一场追求某一公共物的集体行动。虽然搭便车理论的背后至少存在着三个机制，但是这三个机制不但后果相同，并且作用方向一致。一般来说，如果数个机制后果且作用方向具有一致性，它们的组合也就可以被认定为一个机制。对于以上三个机制来说，它们的组合构成了搭便车机制。在社会学中，大量的机制是这种组合式的机制。

机制和定理/法则

在科学领域，另外一个与机制相近的概念就是定律或者说法则。有些学者认为机制和法则完全是两回事（比如：Elster 1998），笔者并不这么认为。对于笔者来说，定律与机制描述的都是一组有着固定互动规律的结构性因果关系。两者之间的区别仅有一点，那就是定律在各种条件下都能

体现，而机制只能在非常有限和特殊的条件下才能体现（比如在实验室条件下）。牛顿第二定律就是一个定理或者说法则，因为它所刻画的因果关系（f = ma）在宏观低速条件下总是成立。而这里的"宏观低速"指的是物体大于基本粒子，速度低于光速。换句话说，牛顿第二定律在人能直接感知的世界中总是能得到很好的体现。但是价格规律却只是一个机制，因为如果要想让价格完全由供需关系决定的话，许多其他条件必须得到满足：例如，人必须是完全理性的，信息必须是充分流畅的，交易必须是没有成本的，等等。这些条件中的每一条在现实世界中都很难得到完全满足，或者说在现实条件下"供需关系决定价格"这一机制很难得到完全的体现。因此，法则是广适性的"机制"，机制是理想条件下才能成立的"法则"（赵鼎新2015，p.4）。

普适机制和特殊机制

在社会学领域，有些建立在机制解释基础上的文章一经发表就被广泛重视，但是大多数建立在机制解释基础上的文章在发表后却不受重视。这背后有许多原因，其中最为主要的就是那些被广泛重视的文章所刻画的往往是具有一定普遍意义的普适性机制，而那些不被重视的文章中所刻画的机制往往是只在非常有限条件下才适用的特殊机制

(add-hoc mechanism)。价格规律和搭便车都是普适性机制。库冉提出的偏好伪装（preference falsification）也是一个普适性机制（Kuran 1995，1997）。偏好伪装讲的是一个通常被称为"皇帝的新装"的这么一个具有普遍性的道理：一个组织中的个人说真话的压力和代价越大，该组织内部的人士就越有沉默甚至说假话的动力，该组织的问题和危机也就会不断积累。因此，昨天该组织中的人士还在普遍高唱着"到处莺歌燕舞"，但是今天该组织就可能会突然崩溃。自我预期实现（self-fulfillment prophecy）也是一个普适性机制（Merton 1968），因为它的背后也是一个具有普遍性的道理：不管一件事情是真是假，一旦你相信它是真的，其后果就是真的。这个世界上许多矛盾也许并不存在（或者至少是不十分严重地存在着），而是在被认定存在后才产生了真实后果的。从人与人之间的关系到国与国之间的关系，莫不如此。总之，人类社会中存在着难以计数的普适性机制。

但是，社会学杂志发表的绝大多数自称为建立在机制解释基础上的文章刻画的或者不是机制，或者是些仅仅在一些具体场合下才有应用价值的特殊机制。我们一般不会有自觉意识，但是如果仔细观察一下的话，你可能会发觉我们绝大多数人都有用特殊机制解释社会现象的习惯。比如说，我们经常会听见"现在的青年一代真是缺乏生活自理能力"这样的言论。我们也会经常听到对于以上观察如下的解释："他们都是独生子女，从小就给父母和祖父母宠

坏了。"这一回答的背后其实是一个只有在家长子女关系下才有意义的特殊机制：家长越宠子女，子女就越缺乏自理能力。其实，社会学杂志中发表的大量建立在机制解释基础上的文章所刻画的往往只是一些只在某些具体案例中起作用的特殊机制。

特殊机制到普遍机制的抽象

二战以后新独立的第三世界国家一般都会采取进口替代策略来生产原本要从西方经济发达国家进口的工业产品。为了保护新兴产业，这些国家都会对本国产业进行大量补贴，并且对国际同类产品加收关税。结果是，虽然这些国家能生产一些新产品，但是这些产品质量低下，造价高昂，完全不能在国际上竞争，只有在高保护条件下才能存活。我们可以从这例子中总结出如下机制：在其他条件相同的情况下，一个国家的保护壁垒越高，被保护产品的成本就越高，在国际上也就越缺乏竞争力。这也是一个特殊机制，因为它只对进口替代产品的竞争力这一问题才有效。

这一例子和前面的那个家长子女关系的例子刻画的都是特殊机制，但它们所揭示的规律却很相似，并且可以抽象成为一个与原有案例无关的更具普适性的机制：任何形式的保护都会降低个人或者组织的自立能力和竞争力，并且形成被保护方对保护方的依赖。以上例子是想告诉读者，

在发现了一个特殊机制后,应当怎么通过抽象来获取更具有普适性的机制,从而提高研究的理论意义。

特殊机制的重要性

一般来说,普适性机制有更大的适用范围,或者说它能给我们带来不同方面的启迪,因此也就受到更多的关注。但这也不是绝对的。威尔逊是当今世界著名的美国黑人社会学家。他的名著《彻底的弱势》想解答如下一个问题(Wilson 1987):为什么在20世纪六七十年代的黑人解放运动后,美国黑人的总体生活处境不但没有改善,反而日益成为一个严重社会问题?威尔逊对此现象做出了以下解释:当美国白人对黑人的歧视下降和美国城市去工业化后,原来家住在离市区很近的黑人社区的黑人精英逐渐移居到以白人为主的郊区社区,使得传统黑人社区的穷人失去了社区领袖,失去了学习对象,失去了和能代表主流社会的人士接触和学习的机会。美国黑人社区的境遇因此变得日益糟糕。威尔逊叙事的背后有一个属于悖论性的社会机制:美国白人作为一个整体的族群平等观越强,美国黑人精英就越有可能搬离长期受到贫困和犯罪困扰的黑人社区,美国黑人社区中处于社会下层的人士的境遇就变得越差。显然,威尔逊提出的只是一个和美国黑人社区穷人境遇有关的特殊性机制,但是他的这本书一出版后就如日中天,在

美国产生了巨大的影响。通过这个例子我是想点明一个道理：如果你研究的问题是一个大家所关心的问题，你的答案即使仅仅是一个特殊性机制也可以获得很大的关注度。

以上例子还告诉我们为什么中国出生的社会学家在美国较难立足。试想有一个在美国读书的中国博士生想写一部关于中国农民工进城的论文，并想给我们讲一个与威尔逊的名著《彻底的弱势》有很大相似性的故事：随着大量的农村青年、特别是知识青年的进城，中国农村成了"6199部队"（儿童和老人）的留守地。农村社会的这一改变大大减低了中国农村的文化资本，导致了各种以本土民间宗教为核心的传统文化因为很少有年轻人参加而大规模衰弱，使得中国农村传统文化面临着前所未有的危机。但是，如果这就是该中国博士生想传递的信息的话，我估计这个学生在美国也许连论文开题报告都通不过。即使开题报告通过了，凭这样的论文在美国也很难找到理想的工作。个中原因其实很简单：对于大多数美国社会学家来说，中国故事只有在能论证或者引出一个具有一定普适性的机制时才会有意义。否则美国学界谁会在乎一个只是与中国情景相关的特殊机制？对于绝大多数中国籍博士生来说，能通过经验研究提出有意义的问题并且找出一些特殊性机制，其实也就很不容易了。但是，这样的博士论文对于做美国或者欧洲研究来说是可以的，对于在美国做中国研究的中国学生却是远远不够的。这就是为什么大多数中国学者得靠统计技术在美国高校立足，毕竟中国人在这方面还是有

些优势的。

在极少数场合下,一个特殊机制的影响甚至会大大超过它背后蕴藏着的普遍机制。萨义德的"东方主义"就是这么一个例子(Said 1978)。"东方主义"给我们讲了如下的故事:西方学者在研究"东方"伊斯兰文明时都带着一种欧洲文明优越感和由此而来的文化偏见。他们的著作由此往往会把"东方"描述为一个原始、非理性、暴力、专制和落后的地方。他们的研究不但过度强调欧洲文明和伊斯兰文明的不同,并且长期是在为欧美帝国主义服务。萨义德的"东方主义"理论背后有一个特殊机制:西方学者对"东方"的偏见越强,他们的研究和分析就越不靠谱。但是,萨义德理论其实只是如下的一个更具普适性的机制的特殊表达:人们在"阅读"一个文本或者异域文化时都会自觉或者不自觉地把自己头脑中已有的知识框架与该文本或文化进行比对,并把自己头脑中的框架作为理解该文本或文化的基础。因此,某人大脑中原有的知识框架越强大,该人对某文本或者文化的理解就可能越偏颇。心理学家把这个机制做了一个非常容易记住的总结:"阅读就是猜测。"(Reading is a guessing game. 阅读就是一个读者把自己头脑中已有的框架作为理解文本的基础的比对过程。)但是,虽然"阅读就是猜测"是心理学领域一个广为人知的常识,我敢断定读者中更多的人会熟知或者至少听到过萨义德以及他的"东方主义"概念,可是知道"阅读就是猜测"这一机制的读者却不会太多。这背后的原因很简单:

"阅读就是猜测"的普适性使得它与具体社会情景的连接松散了,而"东方主义"理论正因为其特殊性,使它能和当时趋于上升的新左派学术和政治产生紧密连接,从而成为"非欧洲中心主义"的文学理论、文化批评理论,以及后殖民文化研究和中东研究的起点。

涌现机制

/

在社会学方法论层面存在着一个方法论个人主义(methodological individualism)和方法论整体主义(methodological holism)之间的争论。当代社会学家一般都会把韦伯认定为一个方法论个人主义学者,而把涂尔干认定为一个方法论集体主义学者。方法论个人主义者坚持个体的意识和行动应该是解释任何社会现象的出发点,而方法论整体主义者则认为在解释某一个社会现象时,我们只需要在该社会现象出现之前的种种迹象中寻找原因,而没有必要诉诸个体的意识和行动。这里我想给大家介绍涌现机制(emergent mechanisms)这么一个概念。这一概念是我的创造。在社会科学中,一个更为大家所熟悉的概念是涌现性质(emergent property)。某一类聚合性社会现象(aggregated phenomenon)一旦产生了聚合前所没有的新特征,这一特征就可以被称为涌现性质,而其产生原因一般来说是因为出现了聚合前所没有的涌现机制。涌现机制这

一概念也许能帮助我们超越方法论个人主义和方法论整体主义之间的一场看似重要，其实意义并不大的论战。

某商品供不应求大家就会去抢着买，该商品因而就会涨价；反过来说，某商品供过于求就会卖不出去，该商品因而就会跌价。从以上例子可以看出，价格规律这一机制的确就是个体的意识和行动的直接结果。与价格规律相同，前文中提到过的搭便车机制或者偏好伪装机制，以及其他大量的社会机制，刻画的也都是个体的意识和行动与其直接后果之间的关系。方法论个人主义从这一意义上来说是非常有道理的。

但是也有许多社会机制虽然与个体行为有一定关联，但是却与个体行动背后的意识没有直接关系。这些机制描述的是一些很难与一个或数个个体的行为及其背后的思维逻辑直接建立联系的因果关系，因为它们只有在一个更高的社会层面才会涌现。这类机制就是所谓的涌现机制。马尔萨斯方程描述的是人类作为一个生物种群的指数增长特性。马尔萨斯方程的存在与我们的意识无关，因为我们作为个体最多也只有计划自己的生育的能力，并且个体生育行为的任何改变并不影响马尔萨斯方程的存在。马尔萨斯方程的存在也很难从一个乃至数个个体的生育行为中得出，它是一个只有在种群层面才会呈现的涌现机制。高斯法则描述的是性质相近的组织之间的竞争后果。它可以表述为：在其他条件相同的情况下，组织之间的性质越接近，它们之间的竞争就越激烈，而长期竞争会使得同类组织在性质

上逐渐趋于分化。高斯法则也是一个涌现机制,因为即使每个组织中个体都不动脑筋,这一机制也会存在,并且这一机制只有在组织竞争中才会得到呈现。①

笔者曾经指出,部落联盟(而不是帝国)才是古代草原上稳定的国家形式(Zhao 2015,chap. 11)。这个观点的背后蕴藏着如下的因果关系:古代帝国治理的基础就是定居的臣民,因为古代的十分有限的技术条件决定了税收和控制只有在定居条件下才有可能。但是游牧的特性就在于整个部落随着水草而长距离迁移。这就给古代帝国的有效统治造成了巨大困难。此外,草原上的各个部落在抵御共同外敌和每个部落的草场范围与迁移范围等等问题上必须进行协调,在不能建立稳定的帝国的情况下,关系较为平等的部落联盟就成了草原上一种较为稳定的政体形式。我在这里所阐述的也是一个涌现性质,因为这一性质的存在与各个部落成员个体的意识和行为无关,并且这一性质只有在部落和国家这个层面上才会呈现。

有了涌现机制概念,方法论个人主义和方法论整体主义之间的争论意义就不大了。简而言之,我们面对的是两

---

① 比如,如果生产同类产品的不同公司的领导感受到了巨大的竞争压力,这些公司也许就会设法在产品品种以及产品对象等方面互相做出区分。但是,如果生产某类产品的有些公司的领导没有意识到巨大的竞争压力或者由于种种原因在巨大的压力下无法在产品品种以及产品对象等方面与其他公司做出区分,这些公司可能就会面临亏本甚至是倒闭,其结果因此也符合高斯法则。这也就是为什么首先提出高斯法则的是那些研究不会进行计算的动植物种群的种群生态学家。高斯法则在种群生态学领域的表述是:两个不同种群之间的生态位(niche)越接近,这两个种群之间的竞争就越激烈,而竞争的结果就是会使得这两个种群在生态位上趋于分离。

类社会学机制。第一类机制刻画的是个体的意识和行动与它们导致的直接后果之间的因果关系;第二类机制的产生不但与个体的意识和行为无关,并且只有在更高层面上才会涌现。方法论个人主义仅适用于前一类机制,而对后一类机制来说,从个体的意识和行动出发来分析世界不但没有必要,而且会把我们带向各种误区。

还原论的得失

持还原论立场的人会认为一个复杂"系统"是各部件的简单组合,并且该复杂"系统"的现象和特征来源于其部件的性质。还原论与方法论个人主义有较大的相似,并且它所对应的"敌人"也都是某种方法论整体主义,或者整体论。从一定程度上说,笔者对于方法论个人主义和集体主义的讨论对于分析还原论和整体论之间的张力来说也都适用。但是还原论相较于方法论个人主义来说要复杂不少,需要多加一些笔墨。

方法论个人主义和方法论整体主义之间的论战涉及的仅仅只是社会学领域,但是还原论的问题涉及了整个科学领域。物理学、化学、生物学和心理学等领域都有自己的还原论。其次,在社会学领域,方法论个人主义者最多也就是把复杂社会现象放到个体的意识和行动这一层次来解释,但是还原论还会用基因和生物演化等在个体意识之外

的微观因素来解释各种宏观社会现象。例如，社会生物学研究的就是基因和演化对于各种社会动物包括人类行为的影响。

在社会学领域，如果一个涌现机制的确是某类社会现象形成的重要原因，那么把个体的意识和行为纳入考察范围就成了多此一举。涌现机制因此是平衡方法论个人主义和方法论集体主义之间论战的一个很好的概念。但是还原论和与其相对的整体论之间的关系要复杂许多。比如，我们一般都会接受各种社会结构因素是造成性别不平等的最为重要的原因这一观点，但是笔者绝不会说基因和演化等微观层面的因素一点作用也没有。比如，十月怀胎和分娩所需的付出，以及哺乳期间所建立的母子纽带都会使得母亲相比于父亲对未成年子女有更大的责任感，迫使女性在择偶以及其他相关行为上要比男性更加慎重，考虑的更多，并且更趋向追求相对平稳保守的结果。女性的这一面向使得她们容易在与单一目标很强的男性的竞争中处于劣势。还比如，直立对人类演化有许多意义，但是直立同时也给人类带来了一大堆麻烦。就女性而言，直立的一个后果就是骨盆收紧，给分娩造成了困难。灵长目动物通常在出生后不久就能走动，但是人类的小孩一岁前往往连路都不太会走。这就给了女性很重的育儿任务，使得女性在社会上很难与男性展开公平竞争。此类机制可以说是不胜枚举。由此，对于一个训练有素的社会学家来说，他所提出的问题不应该是微观层次的因素对宏观的社会现象是否有作用，

而是这个作用是怎么发生的，以及到底有多大。由于宏观社会现象的背后往往有基因、个体行为以及社会结构等多重的影响，并且这影响程度并不能先验确定，带着还原论信念的社会生物学研究或者社会心理学研究自然有着它们不可缺失的意义（见：Alcock 2001；Barkow 2006；Etcoff 1999；Pinker 2002；Wilson 1978）。

还原论解释在逻辑上来说要比整体论解释要强大。如果我们说专制政治在中国得以长期延续的原因是因为中国有一个专制文化。这类解释即使不能说是完全不靠谱，但也是非常难以令人满意。这是因为专制文化和专制政治两个因素十分相近，用专业术语来说它们之间有着很大的"内在性"，或者说文化变量是一个内在变量。这种具有很大的内在性的解释不但会让人觉得似乎什么也没有解释，并且很难面对一些进一步的疑问，比如，难道古代中国在文化上真的比其他国家和地区更专制吗？为什么唐宋两朝在中国历史上相对不专制许多？为什么有些国家能成功地抛弃他们曾经的专制文化而中国却没有？等等。这些疑问会迫使我们去挖掘更为深层的原因，找出更为基础性的因素。这一做法加大了被解释的现象（因变量）和用于解释的现象（自变量）之间的差异性或者距离，因此具有还原论的特性。

从逻辑上说，被解释的现象和用于解释的现象之间的差异或者说"距离"越大，我们所得出的解释就越完美，因此可以说还原论者是在追求逻辑上更为完美的解释。但

是从经验上来说，事情就复杂了。比如，不能说人类直立和女性骨盆收紧对性别不平等的形成一点没有影响，但是我们知道现代社会中女性不但进行经常性的健身锻炼并且生育大大推迟，这些就会使得当代的生育期女性的骨盆相比传统社会的女性要更为收紧，但是当代女性的地位不但没有因为骨盆进一步收紧而降低，反而有了大大的提高。显然，在性别不平等这个问题上，社会结构/机制性因素要远大于生物学因素。过分追求还原反而会步入误区。

此外，并不是在所有问题上社会结构/机制性因素都要比生物学因素重要。对于前现代社会人口变迁的解释，历史人口学家一般会诉诸各种社会结构性原因。比如，人们会说女性地位低下的地区生育率会比较高（因为女性地位越低，女人就越难以在性生活和生育方面取得自主性），富饶的地区生育率会比较高，遗产在儿子间平分的地区生育率会比较高[1]，等等。但是如果各种社会结构和相应的机制真的是决定一个地区人口增长规律最为重要的原因的话，那么前现代欧亚大陆各个地区的人口就会有着十分不同的增长速度。但事实是，前现代欧亚大陆各个地区的人口增长大致都处在相似的水平，并且整个欧亚大陆的人口在16世纪后都有一个总体性的提高。就与生育有关的各种社会结构和相应机制来说，整个欧亚大陆有着非常大的不同，但是欧亚大陆的人口增长却不受这些因素影响，这也就是

---

[1] 比如中世纪欧洲采取长子继承制，次子的生育机会因为得不到财产而大大降低。这个机制曾被用来解释为什么中世纪欧洲的人口增长较慢。

说欧亚大陆的人口增长不能简单地用社会结构/机制来解释。麦克尼尔《瘟疫和人》（McNeill 1998）一书对此现象大致做了如下的解释：大致在 16 世纪前，欧亚大陆不同地区均有自己特定的流行病，不同地方的人群都对本地的流行病有相应的免疫力，但对其他地区的流行病却没有免疫力。历史上，由于游牧部落迁移、战争、商旅等因素，不同的流行病得以在欧亚大陆来回传播，并且每一次流行病暴发都会杀死一个地区对该流行病没有免疫力的人口，同时留下具有免疫力的人。因此，随着某种流行病在一个地区反复多次的暴发，该地区携带对于某种病具有免疫力的基因的人口频数会逐渐上升，这就使得整个欧亚大陆的人群在 16 世纪左右对当时所有的流行病均产生了一定的免疫力，流行病对欧亚大陆人口发展的限制于是就大大减少，欧亚大陆的人口也因此产生了同步增长。

读者可以看出，以上两个例子正好是截然相反。在第一个例子中，生物机制不能解释现代社会飞快发展的性别关系的变化，因此我们只能在社会结构层面来解释性别关系的变化。但是在第二个例子中，多种社会结构因素都不能很好地解释整个欧亚大陆的人口动态变化，但是相对不变的生物学机制却能做到。可见，在社会学研究中，能不能还原、还原到哪一步并没有定数，完全要看你所研究问题的性质而定。

正反馈机制与负反馈机制

从控制论的角度来说，社会机制可以分为两个大类：一类是正反馈机制，另一类则是负反馈机制。如果一个系统有着信息输入端（A）和信息接受端（B），所谓的负反馈机制就是当 A 值提高后 B 值提高，但是 B 值提高后信息的反馈将导致 A 值减低的一类机制。所谓的正反馈机制就是当 A 值提高造成 B 值提高，而 B 值提高后的信息反馈又将导致 A 值进一步提高的一类机制。负反馈机制具有自稳定效果，由负反馈机制主导的系统因此也被称为智力系统。正反馈机制具有不稳定性，由正反馈机制主导的系统因此被称为无智力系统。我在这里想与读者分享一个对于理解人类社会来说至关重要的原理：主宰生物世界运行的主要是让生命系统趋于稳定的负反馈机制。但是由于人有通过策略取胜和论证自我行为正确性的能力，主导社会发展的就成了正反馈机制。

负反馈机制在生物世界处于绝对的主宰地位。体温升高会流汗，体温减低会发抖，这是恒温动物为了维持体温而产生的机制。吃饭会导致血糖浓度提高，而血糖浓度提高又会导致体内胰岛素的释放，进而血糖浓度降低，这样人就不至于在饭后产生糖尿病症状（但是没有糖尿病症的人饭吃多了会犯困）。生命体要存活就必须在多变的环境中达到自稳定，各种负反馈机制起到的都是这个作用。但是人在社会中所追求的不仅仅是稳定，还有权力和成功。一

个人对权力和成功欲望越大，他改变周边环境乃至世界的可能性也就越大。因此，一批具有特别强烈的权力和成功欲望的人士的追求居然就成了社会变迁的最大原动力。人的这一特性使得人类社会的发展不再遵从生物世界的原则。具体说就是人类社会中的许多重要机制要么是正反馈机制（例如，国际关系中的现实主义观和相应的理论），要么是那些能在更大范围内产生正反馈效应的负反馈机制（例如，价格规律是个负反馈机制，但是由之产生的周期性经济危机与市场发展的关系则是正反馈的）。人类社会中的一些重要负反馈机制都是来自宗教和从左到右的各种非自由主义世俗意识形态，以及与它们相应的制度和组织力量。由于这些意识形态都压抑人的权力和成功欲望的自然表达，因此维系这些意识形态的制度虽然可以压抑大多数人的人性，却不能阻止人性（特别是有权力人士的人性）以各种扭曲的方式不断表达。这种状况发展到一定程度后，政治就会变得专制、复杂和丑陋无比，经济就会失去效率。从这个意义上来说，哈耶克是有洞见的（Hayek 1944）。

绝大多数社会学家对人类社会的正反馈特性缺乏清晰认识，他们的问题意识和研究方法因此会显得天真和简单。人类社会的这一特征要求我们在方法论意义上建立如下的观点：（1）文化得以延续必须要有各种制度维系，文化不是基因，不具有超越制度的稳定性。（2）人类社会完全不具有生物世界的自稳定性，不但不具有任何乌托邦的可能性，甚至不具有永恒的较为不坏的选择（the lesser evil）

（比如，许多人会在丘吉尔一句名言的引导下误以为多党民主体制就是一个永恒的较为不坏的选择）。只要人类存在，历史就不会终结。(3) 任何社会意义上的"成功"都是相对的，任何当今有效的解决问题的方法都会给今后带来"麻烦"。(4) 非企及后果是人类社会发展的主轴。

生物是没有智力的，但是生物系统却都是有智力的（intelligent）；人是有智力的，但是人类社会却是没有智力的。这一点我们必须时刻牢记。

社会学中的三个"交互演化"

我们对什么样的自然和社会现象感兴趣以及怎么理解这些现象在很大程度上取决于我们原有的观念以及由此产生的兴趣和视角。比如，西周以史为鉴的传统给了中国古代思想一个整体观和对不同事务之间相互关系的敏感，而古希腊哲人的个人主义精神使他们获得了强大的"片面深刻"的分析能力。历史观和整体观使先秦哲人轻视甚至是忽视抽象的定义和理论建构的效用，[①] 而古希腊哲学却正是在对于理论和形而上学追求的基础上发展起来的。希腊哲人致力于发现毕达哥拉斯定理，我们的古人则对"勾三股四弦五"感到满意。先秦名家提出了"白马非马"的命题，

---

① 例如孔子在他的弟子面前对"仁"这个概念做出过许多根据具体环境以及提问弟子的秉性而不同的解释。显然孔子对概念的抽象定义不感兴趣。

但古希腊哲人则建立了一般意义上的 $a^2 + b^2 = c^2$，以及"三段论"这种用以精确判断命题是否成立的推理模式。中国古代哲人对磁铁、振动、潮汐、声波等等这些在时间序列中展现出相互影响与关联的自然现象——即那些具有"历史性"的现象——特别敏感，这是古希腊人的一个软肋。但是，古代中国哲人很少对机制性因果关系有深入的兴趣，这却是古希腊哲人的长项（Zhao 2015）。

19世纪下半叶的欧洲正值民族国家和工业资本主义迅速发展时期。同时期宗教和贵族势力进一步衰弱，各种传统正在被日益发展的工业和交通技术及其相伴随的城市化和从欧洲到美洲的长距离移民不断打破，城市中因为大工业的到来污染非常严重，而尚没有福利保障的工人过着苦难的生活。在这一背景下，马克思、托克维尔、涂尔干和韦伯等等欧洲第一代现代社会学家眼睛里都是大结构和大转型，想的也都是大问题。但是，随着二战后欧美社会向福利国家转型，阶级矛盾大规模缓解，左右两端的极端思想开始式微，政党开始去意识形态化，一种以实用主义哲学为底色的、不讲"主义"而着眼于各种微观社会机制的中层理论因此首先在欧美学术圈，随后在整个世界上逐渐成了主流（赵鼎新 2018）。

就本书的议题而言，以机制研究为核心的中层理论的发展促进了现代社会学在认识论层面上产生了三个都具有一定正反馈性的"交互演化"（coevolution）。第一是机制性研究和定量方法的交互演化：机制性研究强调实证和注重

从数据出发归纳出在经验上可靠的社会机制。正是在这样的研究的推动下，统计、网络分析、博弈论、计算机模拟、大数据分析等等定量方法获得了飞速的发展。但是这些定量方法的发展又反过来促进了各种机制性研究的深化，而深化的机制性研究又对定量方法提出了新的要求，如此以往。

第二是机制性研究与"结构"概念的交互演化：社会学家对于获取类似如下社会现象的理解有着很自然的追求："为什么吃大锅饭（搭便车）现象在毛泽东时代的中国高度普遍，而在今天的中国其普遍性和重要性都有了大规模降低？""为什么价格规律在现代经济中变得如此重要？"从更抽象的层面上来说，社会学家自然想知道是什么样的结构条件使得某一个或者某一类机制的社会影响在变大或者变小。因此，随着我们对不同的社会机制的研究越来越多，以上的问题也把我们引向对于不同机制背后的不同社会结构原因的兴趣，从而使得我们对社会结构的理解不断走向广泛和深入，而一旦某类社会结构（比如社会网络）被广泛重视，它马上就会发展成为社会学领域的一个分支。随之而来的大量研究则进一步推动机制性研究的发展，如此以往。

第三是由定量方法驱动的社会学研究和社会学的发展方向，以及定量社会学研究和我们对社会的理解之间的交互演化。定量研究有固定程式，它需要的是技术和数理逻辑，而不是对社会的长期观察和人生体悟，因此上手容易

且出成果快。青年学者在发表的压力下很容易会被挤入"定量"领域，于是就导致了那些能建立定量数据的社会现象（比如社会网络或者经济收入分层）的研究在社会学中大发展，而那些难以测量或者难以建立数据的社会现象被忽视。此外，一个定量方法的背后往往隐藏着与该方法相近的"世界观"。比如统计方法会促使我们重视变量之间的相关性，忽视行动者、行动者之间的互动以及复杂历史过程。因此，一旦统计方法在社会学中取得主导，势必就会引导社会学家按照与统计方法相近的"世界观"来看待世界，从而失去了对社会的整体感和智慧性的把握能力。以上逻辑于是就造成了如下的交互演化：做定量研究的学者在社会学中越多，我们对社会乃至社会学的理解就会越偏；而我们对社会和社会学的理解越偏，定量研究也就会变得越重要。如此以往。没有智慧的人一般都会误以为有很多人研究的社会现象肯定就是重要现象，但是有智慧的人知道这很可能只是以上交互演化规律的后果。

鉴于篇幅限制以及读者可能对社会学中常用的一些定量技术和术语不太熟悉等原因，本书不准备讨论和第一、第三类交互演化有关的问题，但是我想为读者介绍一下由第二类交互演化所带来的一些最为重要的结构视角以及相应的机制性研究的发展。它们分别是符号互动、网络、制度和生态。这四个领域都有浩海一样的经验研究和理论探讨，这里只能按照我的旨趣对这些领域做一些最为扼要的介绍。

符号互动

虽然经典社会学家的著作都会涉及一些社会心理学的现象和原理，对于人类社会心理结构及其社会后果的系统研究应该说始于属于芝加哥学派一支的符号互动（symbolic interactionism）学派。符号互动学派面对的社会问题是19世纪末20世纪初大量的从欧洲来到美国的不同族群的移民，以及这些新移民带来的各种社会问题和冲突。与欧洲学者不同，在实用主义哲学指导下，带着"具体问题具体分析精神"的美国学者并不把这些冲突看作随着工业资本主义的发展而不断趋于严重的阶级斗争，而看作来自不同文化的移民在一起后所形成的各种容易造成冲突的互动方式所致。符号互动学派强调我们对于来自周围信息的解读及解读方式主要来源于我们在日常生活环境中的自然互动过程，并且这个解读的基础不是客观事实，而是对客观事实的一种认知。他们进而强调大量的社会现象，包括许多社会矛盾和群体性事件的产生往往起源于失败的人际互动，而不是宏观层面的各种社会矛盾。

在这一保守的视角下，符号互动学派发现了大量饶有趣味的结构性社会心理学特征。比较著名的有以下几个：

情景定义（definition of the situation）机制：如果你把某事件定义为真的，其后果就是真的。

前后台行为（front stage and back stage behavior）机制

(Goffman 1959)：一个人在有些场合不得不采取比较正式、比较会使人感到紧张的前台行为，但是在另一些场合则会采取比较不正式和令人轻松的后台行为。所面对的场合对某一个人来说越重要，该人在此场合的行为就会越正式和紧张。如果一个社会中前后台行为越不可区分（比如"文革"中连夫妻之间都会进行政治告密），该社会的问题也就越大。

犯规实验（breaching experiment）机制（Garfinkel 1967）：人与人之间的交往背后有着大量的大家意识或者意识不到，但是必须遵守的互动礼仪。这些礼仪如果大家遵守，我们很可能连它们的存在都感觉不到。但是一旦被打破，矛盾肯定会接踵而来。在这一思想下，学者们进行了各种"犯规实验"。比如说我是一个做犯规实验的人，但是你不知道。当我们俩见面时你只不过是出于客气向我问候："你好吗？"我反问你："你指的是什么？"你回答道："我问你身体好吗？"我再进一步反问："我不理解你在说什么，是我病了没有，还是病好了没有？"如果我如此不按常理进行谈话，来回几次肯定就会把你搞得大怒。犯规实验就是想强行打破互动礼仪的规范而展示互动礼仪的重要性和打破后的危害。这类实验展示的是这么一个机制：不同群体的互动礼仪越不同，他们在互动中相互打破各自原有的互动礼仪的可能就越大。这背后的潜台词是：当时美国社会街头政治的背后所反映的并不是阶级斗争，而是大量移民的到来而带来的文化冲突。

循环反应（circular reaction）机制：布鲁莫（Blumer 1946）认为群体性事件的形成过程是一个人与人之间的符号性信息交换的过程，他把这一机制称为循环反应。布鲁莫认为循环反应过程有三个阶段：集体磨合（milling）、集体兴奋（collective excitement）和社会感染（social contagion）。在第一阶段，一个群体中的各个个体开始不安并开始轻信和传布谣言；逐渐地，随着不确定感增强，人与人之间相互感染并产生某种共同的愤怒感，这样就进入了循环反应的第二阶段；最后，随着人与人之间的感染力和愤怒感继续增强，循环反应就进入第三阶段。群体性事件于是爆发。布鲁莫的循环反应的核心是所谓的集体磨合，因为后面两个阶段仅是集体磨合更大强度的表现。这里，布鲁莫用了milling这一美国人原本用来形容牛圈内牛群开始躁动的词语来形容一个群体中谣言的传布和共同愤怒感的形成。布鲁莫循环反应机制虽然不能用来分析组织得很好的社会运动或者革命的动员过程，但是却很好地刻画了缺乏组织性动员的骚乱群体和骚乱的形成过程。

符号互动的研究在20世纪70年代后趋于衰弱，但是在此影响下的社会心理学研究仍然不断。有一本题为《社会结构和睾丸素》（Kemper 1990）的书对我的影响比较深刻。该书讲述了这么一个机制性事实：当你面对不同的人时，你身上的睾丸素分泌量是不同的。如果你面对的是你的下级、你的学生或者任何在地位或者知识上比你低的人时，你身上的睾丸素分泌量就会增加。这时你说话就会声

音浑厚、信心满满、语言流畅。但是当你面对的是你的上级、你的老师或者任何在地位或者知识上比你高的人时，你身上的睾丸素分泌量就会减低。这时你说话的频率就变高、人会显得紧张，并且语言可能就不再流畅。这本书展示了人与人之间的交流方式不但受到社会结构的制约，并且这一制约还会因上述的社会交往的心理学基础的存在而强化。

社会关系网络

人与人之间自然会建立关系，这个关系呈网络结构，并且不同的社会网络结构会产生不同的社会后果。我们知道在军队、传统熟人社会乃至黑社会群体中，建立强关系是具有优势的生存策略，但是对于信息传播和采集来说，弱关系就比较有优势，因为弱关系之间的网络关系重叠比较少，有助于信息传播和采集。这就是所谓的"弱关系优势"。从这个角度进一步再往前推，我们就会知道一些不属于任何强关系社会网络但却和几个不同强关系网络保持联系的个体或者组织在信息传递以及新思想产生方面具有特别的优势。这就是所谓的结构洞理论（structural hole theory）（Burt 1995）。还有，意气相投、性格相近的人相处起来比较容易，互相也比较容易建立信任。他们因此喜欢处在一起。这一被称为同质性（homophily）的网络现象在

不同社会条件下有不同的形成阈值,并且会衍生出具有不同社会后果的许多其他社会网络性质(Blau 1974;Feld 1982;Rivera, Soderstrom and Uzzi 2010;Kossinets and Watts 2009)。例如,同质性的社会网络结构会加速某种社会影响的扩散(Centola 2015),同质性社会网络的形成过快也会加大不同社会群体之间的分裂(McPherson, Smith-Lovin and Cook 2001)。

社会网络思想在社会学中有很广泛的应用。一个研究发觉美国和中国的HIV患者比例差不多,但是该研究同时强调美国的HIV患者主要集中在同性恋群体和社会底层,他们之间形成了一个个强关系网络,与其他群体成员发生性关系的机会很小,因此降低了性病扩大的可能。但是在中国,各个阶层之间的人士发生性关系的可能性要比美国大很多,能把病源带入不同的社会群体。因此,如果按照这个趋势发展下去,HIV在中国的传播可能会快不少(Parish, Laumann and Mojola 2007)。当然,这是十几年前的研究结果。近几年来中国政府在"扫黄"和"反腐"上都加大了力度,这也许在一定程度上能改变性病在中国的传播方式。社会网络研究还能用于诸如政府决策等领域。比如,美国参众两议会的议员在国会的影响力大小不一,同时华盛顿地区的大量游说集团对美国政府决策的影响力也很不相同。这些都是可以通过参众两议会的各个议员在权力网络之中的中心度和位点,以及各游说集团与政府高官和参众两议会核心议员的网络关系位置来找到答案

(Knoke and Laumann 1987)。社会网络思想还可以用在社会运动和革命研究上。顾尔德（Gould 1991）发觉阶级认同是1848年法兰西内战时民众动员的主要基础，但是到了1871年的巴黎公社，社区认同就成了街头革命的基础。他对此变化的解释是：发生在法兰西内战之后的巴黎城市改造计划（奥斯曼计划）打破了巴黎老城以阶级为基础的住宅环境，建立了居住群体社会地位混杂的新型街区，使得阶级不再是革命动员的一个最为重要的基础。

由于统计、计算机和大数据技术的飞快发展，社会网络研究的文章和发现层出不穷。以上这些例子只是为了给大家一个感受。总之，符号互动理论和网络研究给我们带来了许多洞见，但是这两个视角都有一个共同的弱点，那就是由于出发视角过于微观。因此在面对大量宏观层面的社会学核心议题，比如工业资本主义和民族国家的产生、经济发展和经济危机、民众和女性力量的兴起、社会运动和革命、民主化、福利国家、全球化和信息社会的来临及其影响、工业转型、专业化、世俗意识形态的兴衰、世俗化和宗教力量的回潮等等问题时，这两个研究视角都面临着严重的宏观-微观脱节，因此往往不得要领。

制度和新制度主义

近几十年以来，采用制度作为结构分析视角的社会学

家一般会自称为新制度主义者。虽然"制度"这个概念有时会被用得过于宽泛,但是在大多数的社会学文献中,它指的是某群体中的一些比较稳定的规范、理念和文化认知。比如,如果说重视教育是中国人的一个具有普遍性的观念,那么重视教育就可以被看作一个"制度"。显然作为一个结构现象来说,"制度"这种结构既不同于我先前所分析的社会心理结构,也不等同于网络、科层、公司和国家这些可以说是更有型的社会结构。新制度主义研究的涉猎十分广泛,我在这里难以全面介绍。有兴趣的读者可以参阅周雪光(2003)的《组织社会学十讲》中的有关章节,这是一本非常简要清晰的教科书。我在这里想和读者分享一下我对同构(isomorphism)这一概念(或者理论)的理解。同构可以说是新制度主义研究中产生的一个最具有广泛影响力的理论。我想以此来展示新制度主义视角的一些特点和弱点。

在社会学中,同构指的是组织之间在形态和制度层面上存在着一种趋同倾向。生命世界中的不同物种之间也存在着大量的同构现象,但是生物的同构原因比较单一,简单来说就是源于相近的功能需求。比如,为了适应水中的生活,海豹、海狮、海象等在陆上的祖先在下水生活后四肢都演化为鳍状。还比如,为了避免被猎物或者捕猎者发现,许多动物的外体都发展出了与环境很难区分的伪装色。但是人是讲策略和能进行自我论证的动物,这就导致了同构原因的多样化。比如,除了功能性同构(functional isomorphism)外,竞争中处于下风的组织会被迫向优势组

织学习从而导致竞争性同构（competition isomorphism），不同组织在通行"规范"的压力下还会造成制度性同构（institutional isomorphism）。

迪马乔和鲍威尔（DiMaggio and Powell 1983，第147—148页）强调，在当代社会中，由于规范的压力而带来的制度性同构的重要性在不断增加，而由于竞争压力带来的竞争性同构则逐渐变得不重要。迈耶则认为世俗理性精神、社会和经济进步、人类平等和发展等理念在当代世界已经获得了主宰地位，由此产生的种种规范促进了国际组织、国家组织、社会组织以及科学专业组织在价值观和组织方式等方面的相似度在不断增大。我们这个世界正在从一个观念上相互分割的"岛屿社会"转变为拥有同一主宰性观念的"世界社会"（Meyer，Boli，Thomas，and Ramirez 1997）。以下我想针对这两个非常著名的观点（迪马乔和鲍威尔的文章至今被引用了59 842次，而迈耶等人的文章则被引用了5613次）提出批评。我的批评并不是想证明二战以后，特别是冷战以后，这个世界不存在一个非常显著的同构现象，而是想说明：第一，当代世界最为核心的、对社会变化更会产生不可逆影响的同构动力仍然来自竞争，而不是来自规范和观念（Sun 2019）。第二，由规范和观念的力量造就的同构具有很大的可变性和可逆性，或者说迈耶所描述的那些世界性的同构现象都是给定时空中的事实，而不见得是历史规律。

迪马乔和鲍威尔以及迈耶的文章中分析了不少规范和

观念造就的同构压力背后的机制，但是他们都忽视了竞争会造就一套完全不同的机制，并且这些机制能同时产生一套更为深刻的同构和分化力量。为了让读者能理解笔者的观点，这里先介绍五个与竞争同构和分化有关的因果机制。介绍前我要强调，以下我所讨论的都是"理想型"的竞争。这里以意识形态层面的竞争为例来说明什么是理想型竞争——理想型的意识形态竞争犹如两个人在价值问题上进行一场具有如下规则的辩论：他们之间不能以武力相加（否则就引入军事竞争因素了），不能互相用钱收买对方（否则就引入经济竞争因素了），也不知道对方是谁（知道对方的身份和地位就可能引入了政治因素了），而只能以理来说服对方。在真实世界中，理想型的意识形态竞争、军事竞争、经济竞争和政治竞争都不多见，因为我们人类是行为非常驳杂的动物，经常会为了在竞争中取得胜利而不惜采取多种手段。可以说，理想型竞争是建立在想象基础上的。它是我们为了获得更具有普遍意义的社会机制而做的具有很强针对性的抽象。现在让我们回到那五个机制性关系。

第一，经济竞争、军事竞争有非常清晰的输赢准则（亏本和败战就是输，并且输的一方很难持续否认自己的失败），能迫使竞争中"输"的一方向"赢"方学习。这就是说，经济竞争和军事竞争有强大的同构压力。

第二，为了在经济竞争和军事竞争中取胜，竞争的各方不得不互相学习，建立效率更高的生产、动员和管理体

系。这就造成了一个被笔者称为"积累发展"的现象（Zhao 2015），即人类的生产能力和组织能力会随着经济和军事竞争而不断提高。

以上两个机制还告诉我们，经济竞争和军事竞争不但能产生强大的同构压力，并且这种竞争因为伴随着"积累发展"现象的产生而给历史带来很大的方向性。读者可能会问，技术竞争不是也有非常清晰的输赢准则，并且也能产生强大的同构压力吗？但是，虽然新兴技术能产生强大的同构压力，它毕竟往往是人类在经济、政治或者军事层面竞争所导致的副产品，或者说具有一定程度的从属性，我因此不准备在这里做专门讨论。

第三，意识形态竞争犹如持有不同观念的人之间的辩论（比如基督教徒、佛教徒、伊斯兰教徒和道教徒之间互相辩论着各自教义的优劣），这种辩论没有明确的输赢准则，谁也不能说服谁。因此，理想状态的意识形态或者观念层面上的竞争并不产生同构压力。

第四，人们对某一意识形态的理解总是基于个人的特殊经历和人生体验，而人与人之间的经历和体验又往往会很不相同。因此，在没有强制性力量支配的情况下，任何社会中的意识形态和其相应的某些"规范"和"观念"都应该呈现很大的多样性。从分析的立场出发，我们应当把意识形态和规范在这个世界上的分化和多样存在认定为常态，而不应当像迈耶那样把世界性的意识形态和规范的同构现象作为常态，而我们需要解释的是为什么某一类意识

形态和规范能在给定时空下占据主导并产生同构压力，从而给迈耶造成了误导。当然，更可能是他的价值观使得他更愿意相信某种给定时空下的同构压力是历史使然。

第五，人类有着把"赢"说成是"对"、把"输"理解成"错"的嗜好。在经济、军事和政治竞争中占上风的行动者都会制造出各种意识形态对自己的"赢"进行正确性论证，而失利的一方也有很强的把自己的"输"理解成"错"的倾向。这就是为什么19世纪的西方知识分子绝大多数都是历史进步主义者，并且都把欧洲文明看作一个"先进"文明，而近代以来中国知识分子乃至几乎是任何一个非西方国家的知识分子则都有不遗余力地鞭挞自己文化的倾向。换句话说，"规范"和"观念"这些在理想状态下应该是高度分化和多元的东西是否能成为组织之间的同构压力主要取决于它们是否有利于输赢明确的经济、军事和政治竞争，或者是否有着由在经济、军事和政治竞争中胜出的社会行动者所认可的意识形态的支持。

可以说，迪马乔和鲍威尔的发现，即"当今世界制度性同构的重要性在增加，而竞争性同构正在变得不重要"在他们文章发表时的20世纪80年代大致应该是一个事实。迈耶的论断，即"世俗理性精神、社会和经济进步、人类平等和发展等理念在世界上已经获得了主宰地位，而由此产生的种种规范已经成了这个世界最大的同构力量"，在他们文章发表的时候大致也是一个事实。但是，以上五个关于竞争机制的讨论告诉我们，这些事实反映的都不是具有

历史意义的趋势，而是给定时空中的宏观社会结构：二战后美国在军事竞争过程中发展成为西方世界的独霸，欧洲的社会矛盾通过二战的惨痛教训和战争带来的欧洲人口（特别是男性青年人口）严重减员得到了缓解，马歇尔计划的成功促成欧洲建立了发达的福利国家，而和以苏联为首的东欧集团的竞争则加强了西方世界的团结。一套以多党民主、法治、自由和市场经济为基础的价值观在竞争中获取了主导地位。迪马乔和鲍威尔所观察到的欧美世界整个"组织场"（organizational field）中发生的各种规范性同构背后的最大原因就是欧美国家在二战后逐渐形成了一套相对稳定的主流价值观。这些主流价值观成了西方世界各种经济和社会组织的同构压力源。20 世纪 70 年代后，特别是到了八九十年代，以美国为首的西方国家在与苏联集团在经济、军事和政治竞争中确立了全面的优势。此后，西方价值观成了整个世界的同构压力源。大量从西方产生的规范和观念在美国的主导下在全世界推广，或者被在经济、军事和政治竞争中处于弱势的国家的政治家和知识分子理解为欧美在经济、军事和政治竞争中获胜的原因而被广为接受，或者因为害怕欧美国家和为了从欧美国家拿好处而假装接受。所谓的"第三次民主浪潮"的背后其实就是来自以上三个方面的同构压力，对应了迪马乔和鲍威尔所说的强制性同构（coercive isomorphism）、规范性同构（normative isomorphism）和模仿性同构（mimetic isomorphism）。

既然迪马乔和鲍威尔以及迈耶提出的制度同构的本源

在于以美国为首的西方国家在政治、经济和军事竞争中获得了主宰地位,那么由西方主导的一套规范和观念的同构能力就会随着美国和西欧的世界地位的改变而改变。当前世界的同类组织在有些方面的相似度在加大,而在有些方面反而在减小。比如国家组织,所谓的"第三次民主浪潮"并没有产生许多人预想的同构效应(即全球的民主化),反而造就了一大批低质量民主国家、大量的族群冲突以及恐怖主义的泛滥(Diamond 2002;Levitsky and Way 2010;Mann 2004;Schedler 2006;Smith 2005)。更为重要的是,对于一些目前看起来的确是很强的在组织价值、形态和制度方面的同构趋势,我们其实并不知道它们是否能永远持续,或者说这些同构是否具有可逆性。比如,宗教研究领域有所谓的"世俗化理论",该理论建立在以下的同构性假定的基础之上:在现代世界中宗教意识形态对人们在政治、经济和文化领域的控制都会减弱,并且宗教组织在社会上的重要性也会降低(Berger 1967;Bruce 2002;Martin 1979)。自19世纪末以来,这个趋势似乎的确在全世界蔓延,也因此一直被作为客观事实而广为接受,但是近几十年来各种宗教势力以非常保守的形式在世界范围内的复兴则给这种观点打上了一个很大的问号。迈耶的世界社会理论,英格尔哈特(Inglehart 1997)的现代文化到后现代文化的转型的预测,以及福山(Fukuyama 1992)"历史的终结"的论断都强调了一些"先进"的观念和制度在世界上会造就一个不可逆的同构趋势。但是他们都犯了同样的错

误，那就是他们都把自己所处的时代所呈现的一些同构现象，特别是一些符合自己价值观的同构现象，当作了历史的使然。

以上的分析看似简单，但是我们人类或许永远也不会真正懂得并且从中接受教训。我们有个通病：每当看到某一个宗教（特别是自己信仰的宗教）的影响力飞速增长或者在某地区获得主宰时，我们就会认为该宗教的教义好（反之亦然）；每当看到某一世俗意识形态（特别是自己所信仰的意识形态）在世界上占据了上风时，我们就会认为这一意识形态是颠扑不破的真理（反之亦然）；每当一个国家刚刚获取了一点成功，该国的精英和民众都会信心爆满（反之亦然）。从这个意义上来说，新制度主义学者对于制度性同构的社会变迁意义的过分强调其实只是犯了一个非常难以克服的人类认知通病。

生态

社会学中的生态研究主要集中在两个方面，其一是"空间"对个体之间或者组织之间互动方式的结构性影响，其二是个体之间或者组织之间结构性的互动关系。这里的"空间"可以指自然环境，也可以指人造环境（built environment）以及被人类赋予意义了的人造或者自然环境。在社会学中，生态概念与其他的结构概念有不同程度的交

集，但是生态概念强调的是结构化的因果性互动关系，而不仅仅是简单的因果关系。

自然环境对人类活动有着难以计数的结构/机制性影响。例如，欧亚北方地区的气候和光照都不适合农耕，因此在工业社会到来之前，游牧和游猎就成了这些地区人类的一个主要生存方式。游牧人群经常在动，不好管理和控制，建立帝国很不容易，因此在工业社会到来之前，游牧地区比较稳定的政体形态是部落联盟，而不是帝国。此外，气候变化对游牧群体的影响要比农业人口大很多。在北方大草原上，气温的轻微下降会造成牧草的大量减少，[①]并且气候转冷不仅严重降低北方草原的生态承载能力，同时也增加了暴风雪与其他致命性自然灾害的频繁出现。这些都是影响整个欧亚大陆农耕文明和游牧文明动态的重要的结构性自然环境因素（Zhao 2015）。热带也一样，热带流行病多，再加上热带地区因为大量有机成分集中于植被而造成土壤沙质，给农业文明在热带的产生和发展带来很大的难度。这就是为什么所有古代文明都是在温带地区形成（Gourou 1966）。

人造环境对人类社会也会产生多方面的影响。前面提到过的顾尔德（Gould 1991）的研究发现——奥斯曼的城市改造计划打破了巴黎老城以阶级为基础的住宅环境，建立了居住人群社会地位混杂的新型社区，使得阶级不再是巴

[①] 布赖森与帕多赫（Bryson and Padoch 1981，第9页）发现，冰岛年平均温度只要下降1摄氏度，牧草生长期就会缩短至不到原来时长的四分之三左右。

黎公社动员的主要基础——就可以被理解为一个探索人造环境对革命动员影响的经典研究。再举几个例子：一般来说，住在来往过道边的居民因为抬头不见低头见，认识的人比较多，更有可能成为交际广泛的人（Festinger 1950）。对于做生意的人来说，理解人造空间的性质至关重要，不知道"市口"所在，怎么营利？所以，商界有一句名言："地点、地点、还是地点。"骚乱更有可能发生在热带地区或者夏天，因为那个时候户外活动多，给引发街头事件增加了可能（Lofland 1970）。许多国家的政府喜欢打造大学城，把大量年纪相仿、地位相近的大学生放在一起便于管理，但是这也为学生群体的政治动员和社会抗争活动提供了巨大便利，一些学生运动就得益于校园和大学区的空间结构（Zhao 2001）。

名人故居、标志性建筑、各种集会广场等等大量的人造环境会被赋予或者衍生出许多特殊意义。华盛顿的国家广场（the Mall）、莫斯科的红场、伦敦的海德公园、北京的天安门广场在现代民族国家建构过程中都被赋予大量的意义。这些意义最初也许是国家所定义的，但是意义一旦形成，就有可能被挪用。社会抗争运动往往会与国家争夺这些场所的意义，使它们成为反体制运动的发源地。在英国，19世纪中叶的大宪章运动、1866年的普选制运动、20世纪初的妇女选举权运动，以及2003年的反伊拉克战争运动的示威活动，都集中在海德公园（Yang and Zhao 2018）。

个人之间、组织之间以及个人和组织之间都会产生规

律性的互动关系,这类关系可以被统称为"社会生态"。从这个意义上来说,我们先前讨论过的符号互动理论采取的就是一个社会生态视角。社会生态视角在组织社会学中有许多应用。例如,组织想存活当然要讲策略,并且要试图根据环境来改变自己。但是我们也可以怀疑这类策略到底有多大的用处,因为某策略一旦成功马上就会成为模仿的对象。所以,从更宏观的角度来看,组织存活所面临的往往是一些共同的问题。具体说就是,一类组织在发展初期面临的最大问题往往是外界是否愿意接受这么一个合法性问题,而该类组织一旦在社会上被广为接受后,它们所面临的共同问题就是互相之间的竞争问题,并且这种竞争会随着同类组织的增多或者规模增大而趋于激烈。这就是组织生态学理论的中心思想(Hannan and Freemen 1977,1989)。扩散(diffusion)是社会学中的一个重要议题。任何一类扩散,包括信息、思想和文化的传播,流行病的传播,以及相似社会运动方式的传播都是在互动过程中发生的。扩散在互动中的发生和发展过程是社会生态研究的另外一个亮点。

广义上来说,从微观到宏观的社会发展都是在社会行动者的互动过程中展开的。作为一位优秀的社会学家,他的思想必须既是因果的也是生态的。但是,在静态的因果分析占据主流的今天,着力于刻画互动性机制或者互动过程中的"生成结构"的生态分析就成了一个需要特别推崇的社会学分析方法(Abbott 2005;Gieryn 2000;Liu and

Emirbayer 2016；Yang and Zhao 2018）。

证明常识的意义

社会学中大量的围绕着机制解释的研究看上去往往只是在证明"常识"。比如，奥尔森的搭便车理论听上去很深奥，但是我们可能会说，这不就是在讲"三个和尚没水喝"这么一个大家都熟知的谚语吗？库冉的偏好伪装理论刚发表后就受到了广泛重视，但是有人可能会说，这不就是讲了一个"皇帝的新装"的故事吗？布劳和邓肯的地位获得模型（status attainment model）非常著名（Blau and Duncan 1967），但是有人可能会说，他们的主要发现，即父亲的地位和教育水平越高，儿女的教育水平和将来的地位与收入就越高，在今天社会中不就是一个常识吗？笔者并不认为社会学家只能证明常识，因为许多社会学家的研究结论经常超出一般意义上的常识。但是，证明"常识"的工作并不是不重要，因为这类工作对于我们来说至少具有四个方面的意义。

首先，常识不见得就对。比如以下两个观点在西方长期占据着"常识"的地位：白人在智力、体力等方面都明显超过其他人种；人类历史在朝着一个既定的进步方向发展，并且西方文明处在这个"进步"的前沿。但是，今天西方绝大多数有点文化的人应该都知道这些都是无稽之谈。

还比如，阶级斗争是推动历史前进的根本动力这一观点在我的青少年阶段被广泛认为是一个常识性观点，而没有西式的政治民主化就没有经济现代化在我的中青年阶段也被当时不少中国知识分子认为是一个常识。但是今天中国之所以能获得繁荣富强，其主要原因就是邓小平把我们带出了以计划经济为基础的阶级斗争社会，并且带着我们迈入了一个以市场经济为基础的社会主义社会，今天中国的经济成就也不是通过发展西式民主制度来实现的。其实，在各种传统思想和当前各种主导意识形态的束缚之下，许多被我们通常认为是常识的东西，后人往往会发现它们其实都是各种迷思。因此，即使是再显然不过的常识也有必要通过严格的方法来验证它的可靠性和局限所在。

第二，同样一个观点，它作为常识存在和作为理论存在的意义完全不同。大量的常识只有在反复研究过程中上升为理论才能彰显其意义和重要性。比如，奥尔森的搭便车理论讲的的确就是"三个和尚没水喝"这么一个常识。可是三个和尚没水喝只是一个常识，而搭便车理论或者说"公共物问题"则涉及了人类社会的一些最为核心的问题：组织起来人多力量大，可以干成许多个人或者小群体难以做到的事情。问题是人越多公共物困境就越严重，因此整个人类文明的发展——从采集社会的出现、部落的出现到城邦的出现、大型帝国的出现——在某种程度上来说都是人类不断改进组织原则来克服公共物困境的过程。我们还可以从奥尔森的理论中得出一些最为根本的组织原则：要

使一个组织有效，组织成员之间在权力和贡献上肯定不能搞平均主义，并且奖励或惩罚必须和贡献大小匹配；大规模组织必须在一个个小规模组织的基础之上构成才会有效，因为在小范围内每个人的贡献更能够测量，奖励或惩罚更能到位。通过奥尔森的理论我们还可以了解搭便车问题对于社会反抗运动来说会特别严重，因为反抗群体往往处于社会边缘，不但缺乏资源，并且获取公共物品（比如，反核运动、民主自由运动）的代价会因为国家的打压而大大提高。最后，奥尔森的理论还告诉我们计划经济时代国有企业之所以出现了严重的"吃大锅饭"现象，就是因为我们在设计组织的时候因为意识形态的误导而忽略了一些基本的组织原则。以上这些理解只有在"三个和尚没水喝"这个常识被抽象成搭便车理论后才可能获得。

第三，社会学中不少文章的观点看上去像是常识，但这只是因为作者将观点和逻辑表述得非常清晰，以至于我们看了之后产生了这只是一个常识的错觉。以下是判定一个观点只是常识还是常识错觉的关键准则：在知道答案前，我们越容易给出正确的答案，那么这个答案就越是一个简单的常识。换一种方式讲：如果知道了答案后，我们会觉得这结果很显然，但是在不知道答案前，我们则会猜错，这种答案就不是简单的常识。

在教育社会学中往往会有类似如下的准控制实验设计：把在各方面条件都相等的学龄前儿童分成两组，第一组让他们每天看半个小时某个帮助提高语文和阅读能力的电视

节目，而第二组则完全不看这个节目。研究的目的是想看看该电视节目是否有利于帮助提高学龄前儿童的语文和阅读能力。这类研究肯定有很大的证明常识的嫌疑，因为在实验前我们能毫无悬念地猜出第一组儿童在实验后的语文和阅读能力要明显强一些。但是，教育社会学领域也更会有类似于如下的准控制实验设计：把在各方面条件都相等的学龄前儿童分成两组，第一组每天看半个小时某个帮助提高语文和阅读能力的电视节目，而第二组每天看半个小时另外一个能帮助提高语文和阅读能力的电视节目。研究的目的是想看看两个电视节目哪个更能帮助提高学龄前儿童的语文和阅读能力。这第二种研究就不再是在简单地证明常识，因为在实验前我们也许很难猜出哪个教育节目更能提高儿童的语文和阅读能力。

用本书提出的准则来衡量，布劳和邓肯对于"地位获得"研究的发现，即父亲的地位和教育水平越高，儿女的教育水平和将来的地位与收入就越高，应该说是一种常识性的发现。因为在知道这一研究结果前，我们虽然不会确切地知道美国子女地位的获得最为重要的指标是什么，但是大方向上应该是不会猜错的。当然，虽然这类工作的重要性不像有些社会学家想的那么大，但它并不是没有意义。因为有了"地位获得"这一重要概念，再加上一个确切的发现，这为以后的工作做了铺垫。比如，威斯康星的一些教授发现"重要他人"（significant others）对青年人的影响也是预测他们地位获得的一个重要指标，并且一旦把"重

要他人"这一因素引入统计,原有的父亲的地位和教育水平这些指标的影响就不再显著,或者说在许多情况下父亲并不是对儿女影响最大的"重要他人"(见 Alexander et al. 1975;Haller 1982;Sewell et al. 1969)。这方面的研究在后继中变得越来越细化。起到了常识性研究的第四个意义:细化常识。

第二章　机制解释的问题

以机制为核心的社会学分析在西方受到了一些批评（如：Abbott 2007；Koopmans 2003），但是有些批评并不完全得要领。比如，阿博特认为理性选择假定是机制解释的最大弱点（Abbott 2007）。阿博特的批评并不是无的放矢，因为大多数推崇机制解释的社会科学家，其中也包括一些国内学者（徐竹 2012；张长东 2018），往往会强调机制分析必须基于方法论个人主义（如：Hedstrom and Swedberg 1998；Stinchombe 1991），因此就比较难和理性选择理论清楚地加以区别。但是笔者在上一章已经指出，大量的社会层面的涌现机制以及那些对人类社会形态有显著影响的生物学和心理学机制的存在和作用方式与个人的意识并无很大关系。可是，机制解释的确存在着许多诠释学（hermeneutics）意义上的紧张，也即对案例的局部性观察与案例本身作为一个客观整体之间的紧张，以及从局部资料中抽象出来的解释框架与事物内部真实的因果关系之间的紧张。具体来说，这些紧张主要是机制与宏观结构之间的紧张、结构/机制与行动者之间的紧张、归纳性机制分析与演绎性机制分析之

间的紧张,以及社会学机制解释不得不面对的过度决定和重要性多变两个诠释学难点。在这一章,我们会针对这些问题展开讨论。

机制和宏观结构

笔者在上一章指出,计划经济体制下工人干多干少都一样,搭便车因此成了限制经济效率的重要机制。在这个简短的分析中我不但运用了微观社会机制,即奥尔森的搭便车困境,并且强调了宏观的计划经济体制是使得该机制变得十分重要的结构性条件。笔者在前文中还提到了顾尔德(Gould 1991)的工作。他的核心论点是巴黎的社区网络是巴黎公社武装的一个非常重要的动员基础,但是他同时提出了导致巴黎的社区网络变得重要的宏观结构条件——奥斯曼的城市改造计划。奥尔森和顾尔德的分析手法与笔者曾经使用过的对一场学潮中政府高层和学生的互动方式的分析手法在方法上非常相似。在我的分析中,"犯规实验"是微观机制,而国家合法性基础则是宏观结构。它们两者是一个互补的关系,而不是对立的方法,并且宏观结构条件和微观机制在分析中可以互为背景(context),从而加强了一个机制解释的可信度。但是在当前占主流的"中层理论"理念的指引下,西方社会学却存在着微观机制解释与宏观结构理论严重脱节的倾向。

例如，在教育社会学领域，大量的美国学者致力于通过精细的实验设计和复杂的统计来分析中小学教育手段与教育质量之间的因果关系。但是稍微了解情况的人都知道美国中小学教育质量低下的主要原因并不在于教育手段，而在于穷人集中的街区的学校没钱请好教师，而联邦政府和州政府又不能，或者说不愿出钱解决这问题。在实验社会学和实验经济学领域，学者们到非洲或者其他经济不发达国家做了各种"控制实验"，以证明在这些国家中影响经济发展的高交易成本问题可以通过一些极其简单可行的方法，比如鼓励经商者加强相互信任，或者让经商者接触到各种"先进"理念，而得到解决。殊不知，目前在大量经济不发达国家，制约它们经济发展的最大问题在外是国际政治制约，在内则是国家建构和民族建构的滞后，而不是什么商人的观念或者商人之间的信任问题。在社会运动研究领域，学者们的关注点主要集中在诸如网络、组织、资源、机会和策略性话语这些似乎能给社会运动带来直接正面效应的、在逻辑上属于"中间变量"的因素（McAdam, McCarthy and Zald 1996），从而忽略了像"为什么同样的策略性话语在不同的情景下会产生完全不同的效果？""为什么在有些情景下某类社会运动能获取社会的大面积支持，而在另外一些情景下某类社会运动就得不到社会的支持？"这类更具有根本性的问题。在宗教社会学领域，西方社会学家往往会从民众对宗教的需求（Glock 1964，Lofland and Stark 1965）、人际网络（Smilde 2005，Snow, Zurcher, and Ekland-

Olson 1980)、理性选择以及一个宗教的组织和制度特性（比如基督教相比于其他宗教来说具有更强的零和性和扩张性）来分析某一宗教势力的消长（Stark and Finke 2000，Finke and Stark. 2005，Kelley 1972）。殊不知导致任何一个宗教势力消长的最重要原因往往不是与某宗教本身性质有关的各种组织和制度特性，而是能抑制或者促进某宗教发展的宏观结构条件，特别是某宗教所在地的政治环境（Sun 2017，2019）。

在中层理论思想的指引下，西方社会学家首先想到的是怎么能找到更可靠的具有实证性的机制和变量来解释社会现象，而不是去分析那些机制和变量在具体情景中的重要性以及他们与宏观结构之间的关系。结果就是似是而非，只见树木不见森林，只长知识不长智慧的学问在西方社会学中大行其道。但是，微观机制和宏观结构的关系又是一个极其复杂的问题。其难点在于：人类有意无意的行动会改变某一微观机制甚至宏观社会结构在给定时空中的重要性，会创造新的机制和宏观社会结构，并且会几乎无穷地改变机制和宏观结构的组合方式。这就决定了微观机制和宏观结构的结合问题在根本上是一个需要一事一议的经验问题，而不是一个靠提出"微宏观链接"（micro-macro link）（Alexander，Giesen，Munch，and Smelser 1987），并且通过讨论马克思、涂尔干和韦伯等经典社会学家的著作中常出现的几个微宏观链接方式就能得到统一解决的理论问题。

结构/机制和行动者

社会学研究的着力点自然应该在机制或者结构分析,但是人并不是社会机制或结构的奴隶,而是具有主观能动性的社会行动者。马克思有过两个充满张力的阐述。在1845年的《关于费尔巴哈的提纲》中,马克思(Marx 1978 [1845], p. 144)提出"人是具体社会情形的产物"(men are products of circumstances),但是他又说,"社会情形也总是由人的行动来改变的"(that it is men who change circumstances)。在1852年的《路易·波拿巴的雾月十八日》中,马克思(Marx 1978 [1852], p. 595)又提出:"人类创造自己的历史,但是这并不是一种随心所欲的创造;人类并不是在自我选择的社会情形下创造历史,而是在已有的、由过去决定并传递下来的情形下进行的。"(Men make their own history, but they do not make it just as they please; they do not make it under circumstances chosen by themselves, but under circumstances directly found, given and transmitted from the past.)这两段意思相近的话背后想传递的信息是很不同的:前文强调了人的主观能动性,而后文则更强调社会结构/机制对人的行动的限制。马克思可以根据文章的目的对人和社会结构/机制之间的关系做出不同的阐述,而我们对于在社会结构/机制限制下人的主观能动

性也可以做出可大可小的理解。问题就来了：人的主观能动性和社会结构/机制到底有什么关系？这个问题非常复杂，以下我想扼要介绍六种都不甚完美的观点或者方法，希望读者能理解这个问题背后的难度所在。

第一，传统的结构/机制分析。采取这种方法的社会学家有的也许真的会认为，"革命是到来的，不是创造的"（Skocpol 1979），换句话说，他们会认为社会行动者，即使是重要的革命领袖，也只是社会情形或者说结构/机制的产物。但是对大多数社会学家来说，采取结构/机制分析视角应该只是一种方法论上的妥协，或者说他们并不是在哲学层面上不承认社会行动者在历史进程中的作用，而只是想从结构/机制视角来理解某一具体社会现象，使我们能看到结构/机制视角在分析某一问题时到底能走多远。当然问题并不这么简单。首先，一旦采取这一视角，社会学的叙事应该怎么进行？在叙事中行动者是以被某种结构/机制编了码的机器人出现，还是以结构/机制的奴隶出现（即结构力量太强，行动者的行动无效）？其次，一个学者的逻辑能力越强，他叙事的逻辑性也就越强。因此，也许某个学者之所以被大家认定为一个结构/机制决定论者，只是因为他的叙事逻辑太清晰。从这个意义上来说，优秀的社会学家都是在自我惩罚，因为只有他们才有能力把某一案例背后的结构/机制逻辑发展到极致，并且以非常清晰的方式将它们在经验叙事中展现出来。

第二，围绕着人物/事件的时间序列叙事。大多数历史

学家会采用这种叙事,革命者和关注于大人物的政治学家也喜欢采用这种叙事。这类叙事的故事性强,因此往往能引人入胜。但是,这类叙事因为结构松散而更容易引入研究者的个人因素。因此,如果采用这类叙事的是一位学术大师的话,我们可能会从他的叙事中获得很多智慧,学到很多东西。但是,这类叙事有一些非常明显的弱点。其一是特质性(idiosyncratic)太强:因为材料掌握程度的不同、领悟力的不同以及个人的意识形态的不同,我们对同一事件可以采取完全不同的叙事。其二是门槛太低:围绕着人物/事件的时间序列叙事是最不需要逻辑训练就可以完成的叙事方式。对于在文本功夫上"家法"较严的历史学来说,这一问题还比较小。但是对于中国社会学和政治学这些专业准则尚未很好建立起来的新学科来说问题就大了。我想点明的是,注重于"转折点""历史性时刻"和"分水岭事件"的,以所谓事件、关系和过程为核心的时间序列叙事在目前西方社会学中受到很大的关注(Abbott 2001,2016;Emirbayer 1997;Sewell 2005;Tilly 2002),但是我们千万不要忘记这是西方的前沿学者对于自己国内的高度专业化的,并且有过度定量和静态结构主分析倾向的社会学的反动。其实,在这些学者提出"事件叙事""关系叙事"和"过程叙事"之前,优秀社会学家的叙事都是讲事件、关系和过程的,只不过他们曾经的叙事最终想揭示的是事件、关系和过程背后的结构/机制逻辑,而不仅仅是故事的事件和关系本身。但是自从西方社会学的一些领军学者提出了各种

所谓的新叙事概念后，西方不少青年社会学家为了发表方便直接把这些新名目作为"理论"，结果是出现了一批问题意识发散，不讲机制，没有因果，不懂行动者的权力和约束，只有个性化叙事的文章和书籍。当前中国社会学专业水平与美国相比还差一大截。因此，如果国内学者不知就里地乱跟风的话，中国社会学就很可能会发展成为一个逻辑混乱、学术基本功极差的学者们狂欢的舞台。其三是合法性的问题。在本书的开篇我就已经点明，社会学的核心是结构/机制叙事，而不是事件/过程叙事。如果大多数社会学家都热衷于建立围绕着历史"转折点""历史性时刻"或者"分水岭事件"这些概念而建立各种事件/过程序列叙事，那么社会学不就成历史学了吗？

第三，对于结构/机制和社会行动者关系的一种妥协性的处理方式就是把历史分成普通时期和特殊时期（或者稳定期和动荡期）（Swidler 1986）。在普通时期，社会结构和相应的某些机制有主宰性力量，但是在一些特殊时期，比如革命前夕，或者一个公司或一个国家的高层领导之间的关系出现重大裂痕时，原有的占据主宰性的结构和相应的机制就有可能被打破，于是社会行动者的行动也就变得重要起来。这些想法都很好，也很符合我们对历史中一些规律性东西的理解。但是，作为社会学家我们应该采用什么准则来判断什么是普通时期，什么是特殊时期？是否仅仅因为我们喜欢的一些人物或者一类事件成功了，我们就把那个时期给定义成特殊时期？我想说明的是，"普通时期"

和"特殊时期"这些概念对经验研究来说有一定指导作用，但是这些概念并不能从根本上解决结构/机制和行动者之间的紧张。原因在于，我们并没有一套能被公认的区别普通时期和特殊时期的准则，因此个人价值观难免会以各种方式从后门潜入。

第四，处理结构/机制和行动者关系的另一种方式是把历史分成长时段（*longue durée*）和短时段（Braudel 2009）。这背后的逻辑是：社会行动者在短时段中会有很大作用，而一旦从长时段角度来考察历史，他们的作用就有限了，而结构性的力量就变得重要了。这种说法非常有道理，但是它也不能给我们带来经验层面的解决方案。比如，我们应当怎么确定短时段和长时段？国民党在中国统治了二十多年，生活在其中的人是绝不会把国民党统治期看作一个短时段的，更何况国民党的统治对今天的政治，特别是大陆和台湾的关系以及中美关系还有着重要的影响。其次，历史上也产生过一些有不可逆转性的"分水岭"事件。秦始皇统一中国、基督教和伊斯兰教的诞生、哥伦布发现新大陆、法国革命以及蒸汽机的改良就是这样的例子。虽然这些事件的背后都有结构性原因，但是其中某些特殊人物的作用也是不能被忽视的。

第五，非企及结果是社会学中的一个重要概念。非企及结果思想与马克思的"人类创造自己的历史，但是这并不是一种随心所欲的创造"的说法有很大相似性。但是，马克思更强调社会结构/机制对行动者的思想、行为和历史

作用的限制，而"非企及结果"强调的是由于多种社会结构/机制的限制，社会行动的后果一般不会是行动者预想的结果。从这个意义来说，非企及结果思想平衡了那些强调社会行动者力量的观点。给了那些整天想搞各种"系统工程"式的"顶层设计"，结果往往是不断在折腾社会的各级领导和天真知识分子一帖清醒剂。但是，非企及结果这一思想也不能在理论上解决结构/机制和行动者之间的紧张关系。虽然社会后果相对于社会行动者的目的而言往往是非企及结果，但是后果和行动者意图之间的关系还是很复杂的。比如，毛泽东发动"文革"是为了中国能在"继续革命"中走出一条与苏联不同的社会主义道路，但它的结果却是南辕北辙。邓小平发动"改革"的意图是想通过市场机制让一小部分中国人先富起来，然后达到均富。虽然中国社会目前的许多状况与邓小平当初的设想相去甚远，但是我们谁也不会否认邓小平的改革开放的确使中国变得强大，的确给广大中国人民的生活水平带来了翻天覆地的变化。所以，行动者的目的和历史后果之间的距离是可大可小的。

第六，对于结构/机制和行动者之间的关系的另外一个理解可以称为"广义结构说"。在这种理解下，社会结构/机制是多元的，不同的行动者虽然都以为自己有主观能动性，但是他们其实只能挣脱部分社会结构/机制的制约，同时却不得不被另外部分的社会结构/机制所束缚。某个社会后果的产生与其说是某些行动者主观能动性的结果，不如说是某些社会结构/机制在某些行动者的推动下占据了上

风。因此，我们并不一定需要在哲学层面解决其实是永远也解决不了的结构/机制和行动者之间的紧张关系问题，而只要解释为什么反映了某些社会结构/机制的行动者在与其他社会行动者的冲突和竞争中占据了上风，并且确定了在给定时空中的某一特殊历史的走向。比如，在中国共产党早期党史中，毛泽东显然代表了注重于中国特殊情况和中国传统社会抗争经验的"本土派"，而王明则代表了注重于马列主义教条和苏俄经验的"留俄派"。从这个理解出发，毛泽东和王明的斗争不仅仅是个人之间甚至是两条"路线"之间的较量，而是两个不同结构性/机制性观念之间的冲突。因此我们不仅要强调毛泽东的历史功绩，更要分析"毛泽东思想"得以在党内逐渐占据主流的结构/机制性原因。

以上六个视角都有不同程度的弱点，笔者并不能提出一个能被广为接受的最优方法。但是这六种观点也都有自己的特色，因此其中每一种方法的背后都有数量不等的优秀著作。我的观察是：在社会学中，大量的优秀著作集中在第一和第五类观点之下。第六类观点是我写本书时的"发明"，并没有人专门谈过，但是隐含着此类观点的研究并不少。第三、第四类观点虽然被广为接受，但是它们往往是一些重要著作中的辅助性观点。第二类观点下的优秀著作，除了社会学家所做的一些理论探索之外（Abbott 2001；Sewell 2005），基本上都是历史学家完成的。毕竟，社会学的合法性基础和学科训练在结构/机制叙事，而不在

需要另外一套训练方式的事件/时间序列叙事。此外，如果一个社会学家在多年训练后仍然对于结构/机制叙事不得要领，他在事件/时间序列叙事方面的能力往往也强不到哪儿去。

归纳还是演绎

自古以来，人类的认知一直受到如下难题的困扰：通过经验归纳总结出来的"规律"完全可能是错误的，而通过推理演绎而得出的"规律"却又可能与现实风马牛不相及。自牛顿力学产生后，这一演绎和归纳的分离问题似乎获得了解决。有了牛顿定律后，我们对于任何宏观低速的自然物理现象的规律既可以用牛顿定律来演绎，也可以通过经验观察来归纳，并且从理论上来说这两种方法的结果应该完全一致。这就是说，演绎和归纳在经典力学中获得了统一。但是生物学做不到这一点。决定生物个体的存活和行为的是许多互相没有紧密关联的因果关系机制，[1] 并且大量的机制在自然状态下往往不能成立（或者说不能被稳定地观察到）。比如在自然状态下，一个种群随着其密度增

---

[1] 把它们说成机制而不是像牛顿定律一样的法则，是因为这些因果关系的适用范围往往极其有限。例如，21 三体综合征（即人类的第 21 号染色体出了多了一条的异常）的病理原因只能用来解释先天愚型这一智障现象，而竞争排斥法则（即两个物种的生态位越接近它们之间的竞争越激烈）只能用来解释两个物种之间的竞争强度和由竞争导致的进化方向这一现象。

高,种内和种间竞争、捕食者、病虫害等等因素对该种群增长的制约也会增大。我们因此在自然条件下很难看出单种群增长遵循着马尔萨斯的指数增长规律。由于大量的生物机制在自然状态下不能被稳定地观察到,控制实验就成了生物中发现机制的最为重要的渠道。比如,如果把大肠杆菌接种在培养皿中观察它的增长情况,我们就会发觉在培养皿中长满大肠杆菌之前,或者说在其他因子还没有对大肠杆菌的增长起到显著限制作用之前的一小段时间,大肠杆菌种群呈现指数增长,但是此后情况就不同了。因此,虽然马尔萨斯机制在自然条件下观察不到,但是一旦有人提出马尔萨斯机制后,我们是可以通过控制实验来对其进行验证的。这就是说,在生物学中,通过演绎得来的规律与通过归纳产生的结论在控制实验条件下仍然能达成统一。

大量的生物学实验都可以做到严格控制研究视野以外的因子,有些实验几乎能做到全面控制(所谓的克隆技术、细胞株培养都是为这一目的)。但是控制实验在社会科学中是一件很难的事情。当然也有西方社会学家用实验方法做研究。例如,在研究种族和性别歧视程度时,美国学者的一个常用实验手法是:随机向同类公司发出许多工作申请信。每一封信的写法与申请人的履历都编得几乎相同,差别仅仅是名字,但是通过名字我们可以看出申请人的族群和性别。实验背后的逻辑很清楚:不同族群和性别的人的

工作申请成功率差别越显著，族群和性别歧视就越严重。①问题是，这种方法能较好地控制信件内容，但是对各个同类公司内部存在的许多差异却不能控制。更重要的是，在社会科学领域能通过实验来解答的问题不仅少之又少，而且能通过控制实验来解答的问题往往只是随处可见和用其他方法也能回答的简单问题或者是常识性问题。

在常用的社会学方法中，访谈调查时访谈者的性质（知识面、性格和价值观）、被访谈者的性质以及两者之间的互动方式都得不到有效的控制；参与式观察所能观察到的往往是研究者的感官能够和愿意接收的信号；历史文献方法面对的是一大堆前人带着不同目的而留下的材料；网络方法在取样上有多方面难以得到有效控制，而且因为其注意力中很少有网络关系的内容，研究结论往往是只见树木不见森林；问卷调查最多只"控制"了问卷设计者注意到的和想控制的"变量"，并且调查结果在很大程度上会受到提问方式以及被调查者对问卷中问题的理解能力的影响；博弈论方法做出的是给定社会机制和前提条件下的演绎，却完全不能保证任何相关社会现象的确是按照作者的演绎逻辑在发展。行动者计算机模拟法（agent-based simulation）对环境、社会机制、人的行为模式都做了设定，模拟结果基本上只有启发意义。

---

① 研究种族歧视的控制试验方法很多，笔者举的例子仅仅是一类。感兴趣的读者可以参考 Blank, Dabady and Citro（2004）和 Pager, Western and Bonikowski（2009）。

上述这些社会学方法中，有的倚重经验归纳，有的倚重逻辑演绎，但是都不是自然科学意义上的控制实验。由于实验方法在社会科学中的应用极其有限，演绎和归纳在社会科学中产生了分离。这给社会学研究带来了重大挑战。

演绎和归纳的分离给了社会科学两个十分常见的逻辑错误。第一是把演绎结论当作经验总结。这一点在经济学中尤甚，其次是政治学。例如奥尔森（Olson 1965）的搭便车理论（即"三个和尚没水喝"这一谚语的理论表达），它明明是一个在多个假定条件下可以通过演绎而得出的社会机制（就像马尔萨斯方程是一个在多个假定条件下可以通过演绎而得出的单种群动态机制一样），但是奥尔森却煞有介事地把它描述成一个似乎是从经验现象中总结出来的具有广适性的理论。而他的反对者则也煞有介事地通过经验事实试图否定奥尔森的搭便车理论，并且他的反对者之一奥斯特勒姆还因此拿了诺贝尔经济学奖（Ostrom 1990）。在生物学领域，如果有个大学生想写篇本科毕业论文，声称通过证据来证明马尔萨斯方程不能预测任何一个种群的动态，指导教师肯定会马上否定这一想法（因为用通过经验归纳而得出的结论来证明或者否定某一通过演绎而得出的机制是毫无意义的）。但是，生物学中连本科毕业论文都不能做的课题在社会科学中却能拿诺贝尔奖。这类现象比比皆是。当然，我这里并不是想否定类似奥斯特勒姆的工作在多方面的意义，而只是想指出这类工作在方法论层面上的一些严重缺陷。第二是对局部经验现象进行演绎。例

如，黑格尔就根据他非常有限的历史认识提出了著名的线性史观。黑格尔只不过是走入了一个任何社会科学家都很难避免的误区：把局部知识当作历史经验，把最为符合自己价值观的"变量"和相应机制当作广义理论，把自己的眼睛当作世界。

演绎和归纳的分离还使得"理论"在社会学中严重地失去了经验意义。在自然科学中，理论指的是数个在逻辑上相互关联的、能用来解释一类经验现象的因果关系命题（propositions）。这些命题的核心既可以是法则也可以是机制。牛顿定律是理论，因为它能用来解释几乎所有的经典物理学意义上的物理现象；DNA的双螺旋结构是理论，因为从这一化学结构产生出的化学机制能用来解释许多生物化学现象。即使是马尔萨斯方程，也可以看作一个理论，因为它至少能解释在实验室条件下的单个种群的增长模式。但是由于演绎和归纳的分离，社会学理论很难对经验现象做出确切的解释。

我用库冉（Kuran 1995，1997）的"伪造偏好"理论来说明社会科学理论所面临的这一困境。库冉把他所刻画的机制做了如下表述：在许多情况下，一个组织中的许多成员其实早已知道其内部的问题，但是无人敢说真话，却很有人愿意享受迎合权威的好处。这种现象越严重，该组织背后隐藏的危机就会越大。到一定程度时，如果有人像"皇帝的新装"故事中的那个小孩一样突然站出来指出当前存在的危机，其他人往往会相机跟上，于是这个在局外人

眼里昨天还是一片太平的组织就会突然走向崩溃。库冉的"理论"在逻辑演绎上并没有任何错误,毕竟它背后的机制其实是"皇帝的新装"这一谚语的另一种表达。这"理论"在我们理解许多经验现象时都具有一定的启迪意义。比如有些领导喜欢当偶像,而下级也喜欢阿谀奉承,把领导捧成偶像。如此一来,"伪造偏好"从过去到现在和将来都会是政治生活中一个难以克服的问题。但是,如果有人想建立"伪造偏好机制是某一组织(比如苏联或者是安然公司)突然垮台的原因"这样一个论点,他在通过经验材料来论证自己的论点时会遇到许多难以克服的困难。就苏联的案例而言,我们不能说"伪造偏好"现象对于苏联的垮台来说一点作用也没有,但是苏联的垮台是个非常复杂的历史过程,其中严重的民族问题、僵化的经济体制、衰退了的军事实力和入侵阿富汗带来的沉重负担,以及戈尔巴乔夫的天真都起到了更为关键的作用。历史既不可能重复,也不能做实验来论证。通过演绎而建立的"伪造偏好"理论因此几乎不能解释任何具有一定复杂性的经验现象。

社会学中,传统意义上的"理论"和经验事实之间难以愈合的分裂导致了许多后果,其中之一就是"理论"这一概念被滥用。既然传统的以法则和机制为基础的理论几乎不能用来解释经验现象,特别是一些极其重要的经验现象,自然科学中对理论的理解在社会学中也就失去了权威。因此,在社会科学领域,任何新概念,无论其性质,都可能会被标记为"理论"。其中有些概念,比如"他者"(the

Other)、治理性（governmentality）、惯习（habitus）、阈态（liminality）的确有一定的"理论"意义，但是绝大多数概念和所谓的理论则意义不大。社会科学中大量的学者，特别是人类学、文化历史学和质性社会学等专业方向的学者，往往是以提新概念为己任。垃圾概念在学术杂志和书籍中层出不穷，作者只能通过似是而非的复杂语言来掩盖演绎能力的缺乏和在经验感和想象力上的苍白。

演绎和归纳的分离还导致社会学叙事中出现了"解释派"和"过程派"（应理解成笔者为行文方便而构建的理想状态，不少学者在这两"派"之间），并由此导致了社会科学中结构/机制叙事和时间/情景叙事的严重分离。解释派（以社会学家为主）认为社会科学研究必须通过解释不同案例之间的异同来寻找具有普适意义的机制和规律（Mahoney and Rueschemeyer 2003）。较为强硬的解释派学者甚至认为人的策略和自我价值论证特性是始终存在的和每人都具有的"常量"，因而与所需解释的"差异"无关。斯考契波（Skocpol 1979）的著名论断"革命是到来的，不是造就的"代表的就是这一观点（这观点因为与事实出入太大，多数学者不再坚持）。在过去的年月里，以解释为目的的优秀作品虽然不少，但是从总体上来说，由于比较案例中有大量的因素不能得到有效控制，也由于我们马上就要涉及的机制解释在逻辑上很难克服的一些问题，许多名著在经验上甚至逻辑上都漏洞百出，它们的价值主要在于启发，而不在于解释的准确。而支撑这些名著形成的最关键因素其实

也不是社会科学方法，而是作者的品味。

机制解释所面临的"过度决定"和"重要性多变"难题

我们已经讨论了结构/机制解释很难解决的三个诠释学意义上的紧张：微观和宏观分离、结构/机制和行动者的紧张以及归纳和演绎的紧张。其中每一个问题都给社会学分析带来很大的困难。但是机制解释还有两个对于经验现象的解释和预测来说更为迫切的问题。以下笔者仍然从社会学与生物学的相异出发，来阐述机制解释在社会学中面对的这两个非常难以克服的方法论问题。

生物学也是一门以机制解释为核心的学科，并且机制解释在生物学中获得了巨大成功。但是机制解释在社会学中却遇到很大困难。这困难来源于人与其他生物的一个根本区别：生物依靠本能存活，而人却是一个讲策略并且会论证自己行为正确性的动物。生物的本能性决定了生物学是一门"科层科学"（bureaucratic science）。我这里采用科层科学这一概念，指的是绝大多数生物机制都有特定的作用和作用方式。例如，释放胰岛素降低血糖浓度这一机制只有在人进食、血糖浓度提高后才会启动，而且血糖浓度在此时降低的原因也肯定是胰岛素的释放。再举一个例子，出汗降低体温这一机制只有在发烧时或者剧烈体育运动后

才会启动，而且人的体温在此时降低也肯定是由于出汗而导致。生命现象虽然很复杂，其背后的机制运作规律却十分机械。某个机制在什么时候起作用、怎么起作用以及起多大的作用都按部就班，就好比一个运行严密的科层组织。在这种情况下，只要能设计一个很好的控制实验，我们在理论上就能确切地找到未被控制的因子之间的关联及其背后的机制性规律。

但是社会现象就复杂了。人类讲策略和自我论证的能力使得社会机制获得了许多生物机制所没有的特性，其中"过度决定"和"重要性多变"两个特征给社会学的机制解释带来很大的困难。

过度决定难题：社会机制本身就多得难以计数。此外，来自国家、公司或者任何权力组织的一些法律、政策和规定会有意无意地附带产生出大量机制，人类为了达到某种目的还可以设计机制（即所谓的制度设计），甚至可以改变策略和组织形态把许多作用方向相近的机制动员起来为自己服务。其结果就是社会上存在着大量方向相近的机制，致使社会机制和经验现象之间产生了普遍的多对一的关系，即对于一个社会现象，我们一般都能找到多个——有些甚至是和经验现象毫无关系的——机制来解释。因此，从诠释学角度来讲，社会现象都是"过度决定"的（over-determined）。过度决定这一事实为社会学家自身的价值观和秉性的发挥提供了空间。市场经济搞得不好，自由主义者肯定会去找与垄断和腐败相关的机制，而左派则肯定会

说这是市场经济机制的负面后果。如果一个第三世界国家的经济得不到发展，文化论者看到的是该国"落后"的文化（McClelland 1961；Rostow 1960；Weber 1999），左派学者强调的是来自发达国家的控制和剥削，国家中心理论者看到的是该国微弱的国家能力（Evans 1995；Kohli 2004；Wade 1990），制度主义者认为这个国家市场的交易成本太大（de Soto 2002；North 1981），重视教育的人士眼里则是该国落后的教育所导致的劳动力素质低下。只要一个人有逻辑能力，他的故事自然就会有自洽性。因此，在社会学中（当然也包括其他社会科学领域），从机制出发的解释所反映的经常是作者的眼睛和机制本身的逻辑，而不是所关心的经验现象背后最为重要的规律。

从根本上来讲，一个学者对哪些社会机制比较敏感在很大程度上取决于他自己的个性和价值观。如果是一个自由主义的真诚信徒的话，他就会对价格规律以及各种相应机制的优点十分敏感，而对其他社会机制的存在以及价格规律可能带来的各种负面效应则比较麻木。但是如果他是一个真诚的马克思主义者的话，他就会对价格规律的负面性、对各种生产方式下相应的社会矛盾和机制比较敏感，而对其他社会机制则会有所忽略。

"过度决定"现象给我们带来了以下的事实：对于任何性质的社会学文章或者书籍，只要它是从机制角度来回答问题的，我们总是能找到另外一个机制以及相应的证据对该问题做出不同的回答。这一特点给青年社会学家提供了

大量的"创新"机会。以下仅仅是两个例子。古德文的著作《别无他途》想解释拉丁美洲和东南亚地区的革命运动结果的差异（Goodwin 2001）。以东南亚为例，古德文发现其革命运动有以下差异：越南革命成功了；菲律宾和马来西亚虽然有很强的共产主义运动，革命却没成功；印尼的共产主义运动则从来要比另外三个国家弱许多。古德文的解释如下：造成东南亚不同地区革命强弱和成败的第一个因素是二战期间日本殖民统治的方式。印尼在日本入侵前已经有了较强的反西方的民族主义运动，因此日本人能以解放者自居，支持当地的民族主义运动，使得反日共产党运动在印尼的发展较弱。但是越南、马来西亚和菲律宾三国在日本入侵前没有强大的反西方的民族主义运动，日本人不但很难以解放者自居，他们的入侵反而引发了强大的反日共产党民族主义运动。第二个因素是西方殖民者对某个地区的统治方式。法国在越南实行直接统治，对当地的民族主义运动进行严厉镇压，并在政治上排斥地方精英。这种统治方式促进了越南反法统一战线的形成。而英国和美国在马来西亚和菲律宾施行间接统治（即在殖民地办学校、建立法制、培育当地中下级官僚、推行自治），笼络了当地的精英，阻止了反殖民主义统一战线的形成和共产党运动的进一步发展。古德文的论点背后的机制和逻辑都很清晰，无可挑剔。但是作为一个青年学者，你要是想批判古德文却是很容易的。比如，我们可以说古德文在考虑中小国家革命运动的成败时忘记了地缘政治。从地图上我们

就可以一目了然,越南因为背靠中国,有着中苏两国的直接支持,因而革命取得了胜利;而印尼、马来西亚和菲律宾远离中国,并在二战后始终处于美国的势力范围,革命成功的可能性自然大大下降。

笔者已经在不同方面的论述中用了顾尔德(Gould 1991)对巴黎公社的经典研究来作为例子。我在这里想从以机制为中心的研究的问题的角度来指出顾尔德论点的弱点,以说明只要是以机制为中心的文章,它的观点就可以被挑战。顾尔德指出巴黎公社期间革命动员的基础是社区认同而不是阶级认同。对此他做的解释是:发生在1848年法国革命之后的巴黎城市改造计划打破了巴黎老城以阶级为基础的住宅环境,建立了居住群体社会地位混杂的新型街区,使得阶级不再是革命动员最为重要的基础。顾尔德的关键证据非常清楚,那就是巴黎公社期间以志愿者为主体组成的国民自卫队的战斗力远不如以街区成员为主体组成的国民自卫队。因此,在梯也尔的凡尔赛军对巴黎发起总攻的八天中,以街区为主体组成的国民自卫队的反抗更为凶猛,更不会投降,因此它们的死亡人数也就更多。我在这里不准备介绍顾尔德对于自己观点的整个论证过程,因为它有些复杂〔有兴趣的读者可以参见笔者的《社会与政治运动讲义》(赵鼎新2006,243—248页)〕。我想说明的是顾尔德文章的论证过程非常严谨,我很少见过社会学家在逻辑严谨程度上有超过顾尔德的。但是即使达到了顾尔德的水平,只要是一个以机制为中心的解释框架,它就

难以避免"过度决定"这一问题,或者说我们一定就能对给定现象提出不同解释。

比如,顾尔德发现巴黎公社期间以志愿者为核心组成的国民自卫队其战斗力远不如以街区成员为基础组成的国民自卫队。但是,这很可能不是因为街区认同感问题,而是以街区成员为基础的国民自卫队组建较早、武器较优良,且训练更有素的关系。还有,凡尔赛军的进攻是从西南方向(即巴黎的左岸)发起的,而国民自卫队的大量死亡也主要发生在西南方向。从军事角度来看,西南方向国民自卫队的死亡人数多的因果机制非常显然:两军对阵有点像两支球队的对垒,即使它们之间的水平相差很远,弱的一方在比赛刚开始时也会鼓足勇气准备打好一场比赛。但是如果赛事开始不久强的一方就不断领先,落后的一方就会逐渐失去信心,到一定程度后比赛就会出现一边倒的情况。各个街区国民自卫队不同的死亡人数所反映的也很可能是同样的机制:在凡尔赛军刚刚发起进攻时,巴黎公社的国民自卫队以各个街区为基础奋力抵抗,因而死的人较多,但是当这些街区的国民自卫队被击败后,其他街区的国民自卫队员就失去了抵抗意志,大量的国民自卫队员选择了投降或者逃离,使得那些街区的国民自卫队员死亡人数大大减少。在以上的分析逻辑下,以街区成员为基础的国民自卫队死亡人数更多这一事实所反映的很可能只是巴黎公社把组建较早、武器较优、训练较有素的国民自卫队主要布防在凡尔赛军最先可能发起攻击的西南方向。

重要性多变难题：机制在生物学中是"不以人的意志为左右"的规律。例如，不管我们是否懂得"跑步出汗"这一现象背后的机制，我们跑步时都会出汗。社会学就复杂了，人不但能设计机制，还能够有意识或无意识地改变某些社会机制的重要性。市场机制在现代社会变得如此重要就是早期现代欧洲的国家精英与中产阶级共同推动的结果（Polanyi 1957）。计划经济下工人干多干少一个样，搭便车因此就成了约束计划经济效率的一个主要机制。此外，一旦当人们认识到某社会机制的作用后，该机制在社会上的重要性和作用方式就会产生明显变化。马克思分析了资本主义经济危机的产生机制及其后果，并且强调经济危机将随着资本主义经济的发展愈演愈烈，但是经济危机的规模在事实上并没有随着资本主义的发展而不断增大。这并不是马克思的理论在机制层面上错了，而是因为20世纪初的世界性经济危机使得西方世界的统治精英和经济学家都看到了经济周期危机的可怕，于是就出现了国家对经济的调控，使得马克思指出的经济危机产生机制不再具有20世纪初的巨大破坏力。

20年前我和我当时的同事顾尔德聊天，谈话中他给我讲了这么一件事情：旧金山地区的许多自杀事件发生在金门大桥。这些人在自杀前绝大多数都是面对旧金山市区，然后纵身一跃跳下大海。这背后的机制很显然：绝大多数的人在自杀前并不是不想活了，而是由于某种原因觉得实在是活不下去，或者觉得活下去没意义了。但是出于对生

活的向往，人们在自杀前往往会选择金门大桥面向旧金山市区一面，想再看看旧金山市区的美景，再向往一下喧嚣的人生。但是在讲完这一故事后，顾尔德马上就风头一转说道："如果有人把这一发现及其背后的机制性原因发表在报纸上，从而被广为知晓，我想下一个人在金门大桥自杀时就可能会选择背向旧金山市跳下大海。"这背后的机制也很显然：我们都生怕自己落了俗套——一种做法越被认为是常规，我们就有可能越不想按这一方式来行事。顾尔德所讲的故事再次告诉了我们社会科学的特殊性：一旦我们了解了某个社会规律，该规律在社会上的重要性就改变了。社会机制重要性的多变给结构/机制解释带来了很大的困难。

老子的"道可道，非常道"可以从多方面来理解。就本书来说，笔者认为，老子所指的是任何人类能够总结出来的结构/机制性规律都是可道的道，因此它们都不可能是不随时空而变的"常道"。其实，任何社会结构和机制都没有不随时空而变的普遍重要性。如果一个亲历过极左时代的中国人还会信心满满地坚信一个基于若干个社会结构或者机制的哲学或者社会学理论为"放之四海而皆准"的真理的话，他肯定是一个历史观完全西化、知识结构非常陈旧、头脑缺乏反思能力的人。这类人也许嘴上还会喊着要恢复中国传统文化，但他们是根本无法理解老子的"道可道，非常道"背后的中国智慧的。

总体来说，对于以社会结构/机制为中心的社会学方法

笔者深表同情。社会生活中存在着大量的规律性的机制,此事不可否认。此外,叙事一旦没有结构和机制为依托,马上就会成为一个毫无规律可言的故事。社会学这门学科也就不复存在。但是,由于社会学的一些特殊性,在社会学中应用结构和机制解释时的确不得不面对一些很难逾越的诠释学困境。

第三章　机制解释弱点的弥补

第三章 机制解释弱点的弥补

上一章对机制解释所面临的一些在诠释学意义上的弱点——包括宏观微观脱节问题、结构/机制和行动者脱节问题、归纳和演绎脱节问题、过度决定难题以及机制在社会上的重要性多变难题——展开了讨论。需要指出,社会学家并不是没有考虑过以上这些问题,或者在面对以上问题时完全无能为力。他们做出了大量的努力,提出了许多方法,并且这些方法均在不同程度上缓解了结构/机制解释的弱点。本章首先介绍西方学者在面对机制解释的弱点时经常采取的四种补救方法,以及这些补救方法的缺陷;其次介绍笔者提出的对于机制解释弱点的补救方法,以及这一方法的优点和局限。

诠释圈(hermeneutics circle)是现象学的一个核心概念。在社会科学中,诠释圈指的是通过文献、考古、访谈、抽样和大数据等方法所得到的资料对于我们所分析的某个案例或者对某一类所要研究的复杂社会现象而言总是局部信息,因此我们所建立的叙事和理论都只是基于这些局部信息的提炼。问题是:如果说一个叙事或理论只是建立在

局部信息之上,我们如何保证该叙事或理论是整体或者说整体的一个主要侧面的准确体现?或者,如果我们无法保证从局部信息中提炼出来的叙事或理论是对整体或整体的一个主要侧面的准确刻画,我们是否有办法保证叙事(或理论)A要比叙事(或理论)B在经验上更为可靠,或者说叙事(或理论)A的诠释圈要小一些?对于以上问题,现象学家、受到现象学影响的社会学家都有过探讨,可是这些探讨基本上都停留在哲学层面,提出了问题但是却无助于问题的解决,或者说在经验解释层面上都显得肤浅。本章探讨的其实就是机制解释的诠释圈问题,或者说社会科学家为了缓解机制解释的局部和整体之间的紧张关系而发展出来的各种方法,以及笔者在此基础上建立的新的解决方案。

需要说明三点:第一,如果能准确和熟练地运用,以下所讨论的各种方法都会有助于我们找到在认识论意义上更为可靠的叙事和理论。换句话说就是,这些方法都能帮助我们缓解局部和整体之间的紧张,即缩小诠释圈。但是任何方法,包括笔者所提倡的方法,都不能完全解决机制解释在经验分析中的弱点。用现象学的术语表述就是,对于机制解释弱点的种种补救方法只能帮助我们缩小诠释圈,并不能消除诠释圈。第二,我以下的讨论将主要局限在质性的比较研究领域。包括统计方法在内的定量方法也都有自己的一套弥补机制解释在诠释学意义上的弱点的方法,并且它们所遵循的原则也与我所介绍的四种方法相近。但

是统计方法只能让一些特定的数据以特定的形式来说话，并无法保证有关方法和数据一定就是帮助我们了解某类社会现象的有效手段。因为统计方法涉及一些专门的知识和术语，我这里就不做专门介绍。第三，我所介绍的弥补机制解释缺陷的四种方法，再加上自己所推崇的"加大被解释问题的信息量"方法，其根本逻辑都是某种反事实推理（counterfactual reasoning）。比如，我在准控制实验方法中所介绍的加芬克尔犯规实验（Garfinkel 1967），其出发点就是如下的反事实提问：如果我们在讲话时不按常理，它会给人际互动带来什么不同的后果？本书把各种弥补机制解释缺陷的方法与反事实推理方法并列，并且把对反事实推理的讨论局限在一个比较窄的分析历史进程中结构和偶然性的关系的范围。我们这么做只是因为各种弥补机制解释缺陷的方法都已经有了自己的名字，分开介绍不但会方便些，同时也会使得读者在今后看其他社会学著作时更容易与本书的内容建立联系。

准实验方法

社会科学的实验很难做到自然科学实验的控制水平，或者说许多变量在社会学研究中很难得到有效控制。在这种情况下，通过观察所得到的结论就不一定准确。但是社会学家仍然会试图采取各种方式对研究对象做各种有限的

控制，希望能把一些最可能干扰结论的条件通过"控制"给剔除出去。这就是所谓的准控制实验方法（quasi-experiment）。我在先前讲过的那类关于美国公司种族和性别歧视程度的研究就是一个典型的准控制实验方法研究。

在社会学中，准控制实验方法一般会被用来验证某些因素是否存在，或者某个机制的存在及其作用方式。以上提到的关于美国公司种族和性别歧视程度的研究就是一类用来验证某些因素是否存在的研究。这类验证机制的研究往往会出现在组织社会学、社会心理学以及政治学和经济学领域。本书已经提及的加芬克尔的犯规实验，即通过不按常理说话来强行打破人们习以为常的互动方式，并且以此来彰显我们本来已经意识不到了的人际互动中所需遵循的礼仪以及这些礼仪被破坏后的社会后果，也是一个准控制实验。我们说这是一个准控制实验是因为一旦某个互动礼仪被破坏，任何一个身处其境的人都多多少少会生气。对于这样的研究，个体之间的差别其实不太重要，或者说我们在研究中只要对"犯规"方式进行控制就行了。

政治学家阿克塞罗德著名的合作机制研究也是一个准控制实验（Axelrod 1984）。阿克塞罗德的研究证明只要两个人的博弈次数足够多，一报还一报就是一个最优策略。所谓一报还一报策略就是第一次与对方总是合作，以后就跟着对方的上一次策略走：如果上一次对方合作，那么我这一次仍然合作；如果对方上一次不合作，那么我这一次就不合作。我们可以从阿克塞罗德的研究中总结出人类合

作最为重要的两个原则：其一是长互动链原则，即互动越频繁，合作就越是优势策略；其二是有条件原谅原则，即对于互动过程中产生的不合作行为必须进行处罚，但是当一个人在被处罚后改正了自己的不合作行为时，我们必须给予原谅。阿克塞罗德的实验告诉了我们很多东西。比如，在经济条件许可的情况下，我们往往会情愿多花点钱去大商场买东西。这是因为在大商场买了伪劣产品，改日你可以去找它，并且你发出的声音可能会对商场的声誉有严重影响，因此大商家出售伪劣产品的可能性就会小许多。但是小商小贩，隔天就可能再也找不着了，信誉对他们来说就相对不重要，他们出售伪劣产品的可能性也就大了许多。还比如，假冒伪劣、抄袭剽窃等机会主义行为目前在中国学术、生活和商业等许多领域非常盛行。这些问题的一个重要根源就是中国社会变化太快，再加上各种行政规定多变，各种社会规则或者正在失去效力，或者不能确立，或者时刻在变。现在大家遵守着某一规则，两年后可能就必须遵守另外一种规则。从阿克塞罗德实验的角度看，中国的社会规则和政府号令的多变造成了人与人之间的博弈互动链非常短，这就使得机会主义行为成了最优选择，尽管机会主义给社会的稳定和发展造成了非常大的危害。

准实验方法在社会学研究中有多方面的应用，也有一定的潜力。但是这类实验方法存在着两个明显缺陷，因此并不能从根本上解决机制研究所面对的一些根本性难题。第一，准控制实验让我们看到的是社会现象的一个个简单

静态的切面，而不是某类复杂社会现象的动态规律。有人会问，生物学实验让我们看到的难道不也是生命现象的一个个孤立的切面吗？但是这对于生物学研究来说问题相对要小许多，因为生命体是一个结构功能紧密结合的系统，并且生物机制的重要性和作用方式也不会随着我们的实验发现而改变。这两个性质的存在给了生物学一个很大的便利，那就是随着对生命现象中各种机制的了解越来越多，我们对整个生命系统的了解也会逐渐加深。但是社会并不是一个结构功能紧密结合的系统，新的社会机制会不断在人的行动过程中出现，社会机制的重要性和作用方式也会随着我们对于它们的了解而改变。更直白说就是：社会机制在社会上始终处于能不断重组的高度灵活状态。但是在社会学中，随着对于各种社会机制的了解越来越多，我们对整个社会的了解不但不见得会有明显加深，还可能会因为学者们放大符合自己个性或者价值观的社会机制在社会上的重要性而影响到对社会的整体理解。这就是为什么笔者在多种场合下再三强调当今主宰社会学研究的中层理论是一种只长知识、不长智慧的理论。这也就是为什么准控制实验对于社会学来说更适合用来验证人类的一些基础性行为机制或者某些社会因素在某一社会的存在与否以及严重程度。在面对像大型社会运动、革命、经济发展、科学革命和技术创新、工业资本主义形成、民族主义和民族国家的兴起、福利国家的形成和发展、信息社会和全球化、民主化、世俗化、女权主义和认同感政治的兴起、原教旨

主义宗教的回归等等复杂社会现象时，准控制实验基本无能为力。而正是对于这些社会现象的把握和理解才是近现代哲学和社会科学的核心。

第二，准实验方法能让我们了解大量的社会机制以及这些机制在"控制"条件下的作用方式。但是准控制实验与现实不同。我们可以用准实验来展示某一社会机制的存在及其作用，但是由于社会学分析中存在着社会机制过度决定这一问题，或者说在大多数情况下多个社会机制都会导致同一社会后果，[①] 我们一般很难用某一个准控制实验所得出的社会机制来预测一个具体的，特别是复杂的社会现象。笔者在前一章中就已经指出，我们谁也不会说库冉提出的偏好伪装机制不重要，或者说这一机制在苏联垮台过程中没有起到作用。但是库冉却想用这一机制来解释苏联的垮台，我想在这一点上绝大多数研究苏联的专家都不会同意。

总结起来就是，准实验方法能帮助我们以较为可靠的方式来了解各种社会机制的存在和作用方式。但是由于社会现象的"过度决定"这一特性，除了一些比较简单的或者说非常理想的经验案例之外（Bates et al. 1998），它一般解决不了中层理论所面对的演绎和归纳分离这一问题。因此，准控制实验的结论对于社会学分析来说主要在于启发价值（heuristic value），而不在解释。公司或者政府的决策

---

① 这一现象在复杂系统理论中被称为等价性（equifinality）。

过程常常会用到可能性分析（scenario analysis）方法（该方法的核心是针对某一事件列出它的几个可能的发展趋势，并且分析每一趋势的发生可能性及其后果）。社会学的准控制实验，特别是各种计算机模拟方法，对于可能性分析来说都是非常有用的工具。可能性分析并不能为我们精确预测某一政策是否能成功或者某一政策的具体后果，但是在排除明显错误的决策和演示一些决策可能带来的非企及后果方面是有一定潜力的。

排除其他可能解释

排除其他可能解释（rule out alternative hypotheses）是社会学家为了缓解机制解释的过度决定难题的一个常用方法。这一方法的基本思路是：既然机制解释有过度决定问题，我们不如先把其他在逻辑上也行得通的解释机制逐一列出来，并且逐一论证这些机制在具体的经验情景中的不可能性。上一章中我介绍了古德文对东南亚国家革命运动的研究。古德文批评的主要对象是沃尔夫和裴杰等生产方式马克思主义者对于二战后世界上各个中小国家反抗运动的发展及其不同趋势的分析（Paige 1975；Wolf 1969）。比如，裴杰想要解释的是为什么在这些国家中的有些反抗运动发展成为革命，有些发展成为反叛，而有些则发展成为改良性社会运动。他认为关键在于各个国家土地所有者与

耕作者之间的不同关系。他的论证背后有如下几个核心机制：现代化农业的生产能力可以通过技术改进而不断提高，但是传统农业的生产能力提高潜力非常之小。所以，相比于传统的土地所有者，现代农场主在面对耕作者的抗争时妥协余地就大。此外，挣工资打工的耕作者独立性和组织能力都比较强，而传统耕作者对地主依附性强并且因为靠天吃饭故比较保守。所以，相比于传统耕作者，挣工资打工的耕作者的抗争能力就强。因此，革命往往会发生在那些农业生产方式仍然是前现代，而耕作者却主要靠挣工资或者类似于工资的耕种佃（sharecroping）的国度中。古德文则认为，中小国家的抗争运动的参加者虽然主要是农民，但是决定这些抗争运动的产生和发展规律的却主要是政治原因，特别是这些国家在西方和日本殖民期间的统治方式以及由此造成的各种不同政治矛盾。但是在本书中笔者已经指出，至少对于古德文考察的越南、马来西亚、菲律宾和印尼四个国家来说，地缘政治可能才是决定各个国家革命运动成败最为根本的原因。越南背靠中国，有着中苏两个大国的直接支持，因而革命取得了胜利，而印尼、马来西亚和菲律宾远离中国，并在二战后始终处于美国的势力范围内，革命成功的可能性自然就小了。

古德文批评裴杰的时候，以及笔者批评古德文的时候，都是在运用"排除其他可能"这一方法。在不少时候，这一方法的确能使得我们把对一个议题的理解和解释逐渐带向深入。但是针对任何社会学议题，我们是否总能通过这

方法来逐渐找到最佳答案？对于这一点我是怀疑的。仍然以上面那个二战后中小国家革命运动发展动态的案例作为例子。我并不是认为裴杰的解释、古德文的解释和我的解释之间没有优劣之分。但是我们必须清楚，如果一个学者有较强的叙事能力，他的叙事肯定就会有逻辑自洽性，但是这一叙事与经验事实并不见得就相符。因此，在许多因素没有得到很好控制的情形下，我们提出的新叙事最多也就是给出了一种新的可能性，并不能排除其他的可能。有人会说这一问题对于基于问卷调查的统计分析来说会小一些，因为如果我们能在统计上证明某个"变量"具有显著性，那么这个影响肯定是真实的。其实，这一说法也很难成立。稍微懂点问卷调查和统计的人都知道，问卷中问题的问法、问卷在关键问题上的遗漏以及统计时对于各个变量的取舍和重组、答问卷的人对于问卷中问题的理解能力以及对于问卷的问题背后所透露的价值倾向的态度、变量的编码方法等等都在不同程度上影响着统计结果。

即使是古德文证明了殖民期间的统治方式以及由此造成的各种不同政治矛盾的确是决定各个中小国家革命运动规模和成败最为根本的原因，或者说假定我写了一本书十分详尽地说明了地缘政治结构才是决定中小国家革命运动成败最为根本的原因，我想古德文也不会说裴杰的观点是完全错误或者没有意义的，我也肯定不会说古德文和裴杰的观点是完全错误或者没有意义的。因为有一点可以肯定，裴杰和古德文的著作中所提出的社会机制的内在逻辑肯定

是没有问题的。但是,作者所强调的这些机制的重要性和作用方式是否与具体经验事实相符?这肯定是一个问题。也许,生产方式、殖民地统治方式和地缘政治对于一个地区革命运动的发展来说都有很大的作用。也许,不同中小国家的革命运动的背后有着不同的原因,或者说裴杰和古德文在不同国家的革命运动背后找同一原因的思路本身就有问题。也许,生产方式和殖民地统治方式虽然不决定一个国家革命运动的成败,但是却能影响抗争运动的规模、动员方式以及在一个国家中的地区性分布。或者说如果我们换一个研究议题,裴杰和古德文揭示的机制马上就会变得重要起来。因此,"排除其他可能"这一方法虽然很难保证我们是否真正排除了其他的可能性解释,但是却能为同一案例提供多种视角,迫使我们想得更仔细,加强了我们对于案例的总体性理解。

虽然我们在分析社会现象时必须要追求扎实的材料功夫和准确解释,虽然笔者在训练自己的学生时对这一点抓得很紧,但是我必须不无遗憾地承认,与历史学有明显的不同,社会学著作的意义往往不在扎实的材料功夫和准确的经验解释,而在于它的视角的新颖。比如,古德文的老师斯考契波的成名之作《国家与社会革命》解释的是为什么法国、俄国和中国这三个历史背景如此不同的国家都爆发了社会革命(Skocpol 1979)。但是该书的经验叙事肤浅再加上理论上有不少毛病,因此不但没有受到法国、俄国和中国革命专家的重视,还在理论上受到了很多批判(Goldstone 2001;

McDaniel 1988；Sewell 1985）。尽管如此，《国家与社会革命》仍然不失为一部名著。这是因为该书的理论出发点——国家既不简单地是统治阶级的工具，也不仅仅是保证社会竞争能公平进行的裁判，国家集团有着自己的利益、自身的结构和性质以及与这些结构和性质相应的特定行为方式，因此我们在分析社会革命时必须把国家作为一个相对独立的结构来看待——大大突破了传统马克思主义和普兰查斯、米勒班（Poulantzas and Miliband 1972）等新马克思主义者对于国家性质的理解，促成了社会学和政治学中"国家中心视角"在二战以后的再形成（Evans，Rueschemeyer，and Skocpol 1985）。社会学著作的意义在很大程度上取决于视角的新颖以及该视角对于当时的学科发展的重要性。

最后，一旦"排除其他可能"成了一位学者的思维本能，该学者的思辨和反思能力都会大大提高。我们每一个人都有自己的价值观，也肯定希望一个符合自己价值观的论点在经验上也是站得住脚的。因此，对自己的观点进行反思其实是一件很难的事情。我接触过大量的优秀学者都有一个共同特征，那就是他们内心深处始终有着某种紧张和不自信，因此反思力也就比较强。如果有人自以为自己在年轻时就认准了真理，并且认为自己所看到的、理解的和讲出来的故事都是对的，那么这个人就无药可救了。反思能力对于一位学者来说太重要了。

把机制置于事件顺序和历史情景之中

把机制放在事件发展的时间序列或者历史情景中考察也是部分解决机制性解释弱点的一个常用手段。这一手段在方法上与通常所说的过程追踪（process tracing）非常接近（如：Beach and Pedersen 2013；George and Bennett 2005，第 10 章；Mahoney 2010），因为它们所遵循的是同一原则，即依据一条至数条时间/事件主线来还原某一事物的发生场景和本来面目。可以说，这一方法的逻辑基础主要是反溯（abduction），而不是演绎和归纳。高度依靠反溯逻辑给了过程追踪一个很明显的特点：单靠过程追踪得来的因果关系往往都是像"某人走路踩了地上一块石头因此摔了一跤""某人上班路上出了交通事故因此今天迟到了"这样高度特殊性（ad-hoc）的、并不具普遍意义的因果关系。因此，过程追踪方法其实在历史学和刑事侦探中的应用要更为广泛，因为对于重构某段历史和某个犯罪过程来说，时间进程中的各种具体的人物、时间和原因毕竟最为关键，但是对于对具有一定普遍意义的因果规律有追求的社会学来说，过程追踪方法就有很明显的局限。正因为这个原因，在机制解释领域，过程追踪一般都是用来验证某一个机制性论点在经验上的可能性，而很少被用来作为建立某个具有普遍意义的机制性论点的最为核心的逻辑起点和经验依据。

就验证某一个已有机制性论点在经验上的可能性来说，把机制放在事件发展的时间序列中考察的逻辑基础是：如果我们要强调由事件 A 引发的某一社会机制是导致事件 B 发生的原因，那么事件 A 在时间上就必须发生在事件 B 之前。例如，凯瑟和蔡泳（Kiser and Cai 2003）曾经在《美国社会学评论》上发表了一篇文章，分析为什么古代中国官僚科层制不但兴起得早，并且还很发达。他们的核心机制就是战争对科层制形成的促进作用。他们认为，与其他文明相比，中国东周时期的战争不但特别残酷而且旷日持久，古代中国科层制就在战争驱动下逐渐兴起和壮大。笔者对他们的观点进行批评的时候用的就是过程追踪的逻辑。我的论点是：虽然东周战争延续了五百多年，但是在前四百多年中，绝大多数的战争都只是小规模冲突。直到公元前 4 世纪中叶之后，战争才持续得更久，并愈发残酷。而在此之前，中国已经经历了两波科层化，第一波是在公元前 7 世纪，第二波则发生在公元前 5 世纪末到公元前 4 世纪中叶之间。由于一个机制中的"因"不可能发生在"果"之前，因此惨烈的、旷日持久的战争不可能是导致科层制在东周兴起的原因（Zhao 2004，2015）。

早期历史社会学的叙事一般不以时间序列顺序进行，发生在很大时间跨度中并且在不同背景下的不同事件往往被作者作为证据来论证同一个论点。关公战秦琼这类乱点鸳鸯谱的分析方式和证明方式在韦伯和斯考契波等大家的作品中也不时可见。我不会说不按事件发生的时间序列的

叙事和分析所得出的结论就一定是错误的。其实，社会学和政治学在这方面出了许多名著。并且，即使是那些具有明显错误论点的书籍和文章，它们的理论意义有时也不可小觑。在今天，虽然这种不按事件发生的时间序列的叙事和分析在比较政治研究中仍然盛行，但是在历史社会学的叙事中，学者们越来越注意用事件发生的时间序列来规整自己的叙事和论点在经验上的合理性。

同样也是为了验证某一个已有机制性论点在经验上的可能性，把机制放在历史情景中考察的逻辑基础是：我们要强调某机制是导致某事件发生的关键，那么该机制必须具有在逻辑上以及在历史情景中的合理性。例如，追随韦伯的论点（Weber 1999），贝拉认为日本德川幕府时期发展起来的一个宗教运动（石门心学）因为其教义在不少方面与加尔文新教相近，因而是工业资本主义在日本得以兴起并且取得成功的基础（Bellah 1957）。从历史情景来考察，新教产生后撕裂了天主教世界的一统性，给欧洲社会的政教关系、国际关系乃至国家发展都带来了巨大的影响。但是日本宗教生态在前现代始终处于多元状态，即使是在其鼎盛期，石门心学也只是日本多元的宗教生态中的一支，它并没有给日本社会带来任何可以与加尔文新教相比的巨大社会变迁。此外，日本工业资本主义是在欧美帝国主义的压力下才得以形成和发展的，这就是说贝拉忽视了工业资本主义的原初发生与在西方的压力下被动学习工业资本主义是两类有着根本性区别的现象。被动学习工业资本主

义的成功与否不在文化，而在国家能力（Evans 1995，Zhao and Hall 1994；Zhao 1994），而东亚国家比较容易进行工业化是因为这些国家有着长期的前现代国家建构历史（赵鼎新 2016a）。但是，处于其他文化下的国家和地区在最近几十年也开始有了成功的经济发展，因为这些国家在国家能力建构方面近年来也逐渐都赶了上来。从这个意义上来说，即使韦伯关于新教伦理对于欧洲工业资本主义的产生起关键作用这一论点是正确的（其实韦伯的论点在经验上有很大问题），贝拉对韦伯的模仿也不可取。

需要指出，不符合时间序列情景和历史情景的机制性解释在经验上肯定是错误的，但是符合时间序列情景和历史情景的机制性解释也不一定就完全可靠。毕竟，符合时间序列和历史情景的论点其实都不难建构，而历史时间序列是对建构者的问题意识和价值观而言的，历史情景往往又高度复杂，再加上历史材料的残缺和材料质量不一等原因，罗生门现象很难避免。在这种情况下，带着不同价值观、视角或者学术训练的学者很容易会过度强调某些历史情景、某些历史人物、某些历史事件的重要性，而轻视甚至忽略另外一些历史情景、历史人物和历史事件。

反事实推理

反事实推理（counterfactuals）指的是一种对已经发生

的事件进行否定,并且在此基础上建构各种假定性可能的推理方法(Collins,Hall,and Paul 2004;Tetlock and Belkin 1996)。反事实推理的关键在于回答一个"What if?"问题,因此往往会采取以下发问方式:"如果这件事情在当时没有发生,后果会有什么不同?""如果某个因素(或者机制)不存在,后果会有什么不同?"或者"如果存在某个因素(或者机制),后果会有什么不同?"。

反事实推理是验证因果解释在经验上的可能性的一个最为核心的方法,以上讨论的三种弥补机制性解释在诠释学意义上的弱点的方法,以及马上就要讨论的加大被解释问题信息量方法,其逻辑本质都是某种反事实推理,但是它们之间有个关键不同。本书所介绍的大多数反事实推理方法(特别是准实验方法、排除其他可能解释方法以及加大被解释问题信息量方法)的目的都在于证明一个论点的正确性。在这些方法之下,推理者需要证明其他因素在经验案例中或者不存在,或者不重要。但是本节所要介绍的反事实推理的逻辑起点就是反事实的,该方法因此不能用来证明任何事实性论点。在质性社会学领域,这种反事实推理经常被用来解构或者松动一个结构/机制性论点,或者说用于强调历史过程中非结构性和偶然性的一面,用于揭示一个过分强大的结构/机制性解释可能会带来的误区。

如果用好了的话,这类反事实推理会给社会学分析带来许多启发性意义。但是我必须指出,这类反事实推理也是社会科学中一个被严重滥用的方法。就我看来,不少作

品中出现的反事实推理经常让人觉得作者并不是为了说明问题，而是为了耍小聪明。怎么区别有意义的反事实推理和耍小聪明式的反事实推理呢？我的准则就是看一个反事实推理在多大程度上改写了历史：一个反事实推理改写历史的程度越大，该推理结论的理论和现实意义就越小。我从以下三个角度来展开这一观点。

第一是大规模改写当时历史场景和社会结构条件的反事实推理。比如，有些西方学者在强调哥伦布发现新大陆的意义时，会发出如下的疑问：如果郑和下西洋走了一条不同的路线，首先发现了新大陆，今天的世界会是怎么样？言下之意就是：如果新大陆是被郑和首先发现，也许就会成为中华帝国的殖民地，中国经济也许就能在今后的几个世纪中继续保持着世界领先地位，工业资本主义也许就会出现在中国而不是西方。但是，此类反事实推理的意义其实不大，或者说这是一类最为无聊的反事实推理。反事实推理的一个重要功用就是帮助我们加深对当时当地所发生事情背后的历史和结构情景的理解。但是，以上这类反事实推理所起到的作用却正好相反，因为它完全无视了哥伦布航海和郑和航海背后有着完全不同的历史情景。从世界史角度来说，哥伦布发现新大陆的意义并不在于该事件本身，而在于该事件背后所反映的前现代欧洲世界的特点，包括前现代欧洲所特有的一种国家、商人和探险家共谋的商业精神和殖民动力，欧洲国家权力的相对弱小和商人权力的强大，欧洲人对世界地理形成了一种与以往截然不同

的理解,以及欧洲国家之间激烈的地缘政治、宗教和商业竞争(Zhao 2015,第 13 章)。正是这些特点给了前现代欧洲一个不同于其他文明的发展形式,给了哥伦布发现新大陆这一事件一个历史转折点的意义。反观中国,郑和下西洋的目的肯定不是商业目的所驱动的探险,航行背后的推手也不是像哥伦布那样的探险家而是国家,航行更没有在沿途各国引发一波又一波的海外扩张和移民浪潮。其实,即使是郑和的船队率先到了新大陆,对于他来说也只不过是到了一片很难引起他兴趣的荒蛮之地,并且他也不会知道他所到的是一片新大陆(因为郑和不具有当时欧洲人对于地球的知识)。总之,郑和航海在七次以后戛然而止,此后明朝走的是一条抑商重农的道路。这一历史发展并不出于偶然。

第二是中等规模改写当时的历史场景和社会结构条件的反事实推理。比如,我们经常能听到以下这一疑问:如果 16 世纪末、17 世纪初英国和西班牙没有发生战争,或者如果这一战争没有中断南美洲白银向明帝国的流入,大明帝国是否仍然会崩溃? 的确,16 世纪的明帝国在世界贸易方面保持着巨大的顺差,欧洲国家的白银大量流入中国,使得银子发展成了中国的硬通货,并且在张居正推行"一条鞭法"后上升为国家税收的基础。但是随着南美白银不再大量流入中国,中国的出口贸易出现了巨大萎缩,从而减少了国家的商业税收。同时,白银供应链的中断又导致了白银价格的提高,从而大大提高了以白银交税的民众的

税收负担。可以断定，因为白银供应中断而造成的财政危机肯定加剧了大明帝国末期的各种社会矛盾。从这个意义上来说，以上的反事实推理具有一定启发意义。但是话又要说回来，财政危机并不是明朝末年的唯一危机，甚至不是最大的危机。明帝国后期人口压力巨大、土地兼并严重、流民巨多、党争激烈、皇权与官僚体系严重对立，再加上崇祯刚愎无能，这些原因其实都对明帝国的垮台产生着重要影响。因此，如果我们只从白银危机的角度来探讨明帝国的垮台，肯定是有问题的，但是我们也很难否认白银危机是导致明帝国灭亡的一个因素。

第三，小规模改写当时历史场景和社会结构条件的反事实推理。这类反事实推理的逻辑起点是修改某一历史关键点上某一关键人物的命运或者决策。如果我们有足够证据说明这些关键人物在某一历史关键点上的不同命运或者决策的确会给历史进程带来转折性的影响，那么这一类反事实推理就有比较大的价值。这类反事实推理有比较大的价值还因为他仅仅改变了某一人物的命运或者决策，别无其他。从逻辑上说，小规模改写当时历史场景和社会结构条件的反事实推理的好处在于分析的因果链很短，或者说虽然某个事件发生还是没发生具有偶然性，但是紧接着的后果则毫无疑问非常明显。这种分析因此会很有力，也会给我们带来许多启发。

比如，我们可以问这么一个问题：如果1866年的那次刺杀俾斯麦的行动得以成功，世界史在多大的程度上会被

改写？那天俾斯麦在咫尺之间被左轮枪连打了五枪，并且其中两枪击中了要害部位，应该说这次刺杀行动本身是非常成功的。但是，这几颗子弹居然都没有能穿透俾斯麦厚厚的衣服，使得他免去一劫。我们可以进行以下的反事实推理：如果俾斯麦那天被打死了，普鲁士还能统一德国吗？如果德国不能得到统一，一战和二战还会有吗？或者说即使欧洲世界仍然会有某种形式的大战，在没有一个统一强大的德国的情况下，这些战争的规模和后果还会一样吗？俄国苏维埃革命能成功吗？如果没有俄国苏维埃革命，今天的中国会是什么样子？这个反事实推理的重要性在于，俾斯麦时代的德意志仍然由三十来个国家统治，其中普鲁士和奥地利势力最强，但是这些国家绝大多数都反对普鲁士的扩张。同时在普鲁士内部像俾斯麦这样既有威信，又有手腕，且有着坚定的统一意志的领袖人物可以说是非常少。因此，俾斯麦死与不死的确可能造成非常不同的后果。

发生在 1962 年的古巴导弹危机是国际政治领域反复研究的一个议题（见：Graham 1971；Mikoyan 2012；Nathan 1992；Scott, Len, and R. Gerald Hughes 2015；Tetlock and Belkin 1996，第 5 章）。在他们的分析中，我们经常能听到诸如以下的反事实推理：在古巴导弹危机中，如果苏联在古巴附近海域部署的一艘狐步级 B-59 号潜艇向美国发射了舰上的核鱼雷，其后果将是如何？如果肯尼迪当时顶不住美国军方和 CIA 的压力，或者如果肯尼迪与赫鲁晓夫的秘密谈判不能及时取得成果因而导致美国军方失控，其后

果将会如何？

这两个反事实推理都会导致同样的难以设想的后果：如果美苏两国之间爆发了核战争，它们的核能力可以把人类毁灭数次。在早期"冷战"的大结构背景下，这两个假定条件都很有可能发生。就第一个问题来说，当时美国海军在古巴附近海域锁定了苏联四艘常规动力潜艇的位置，但却不知道这些潜艇携带核鱼雷。其间美国的一艘驱逐舰向隐藏在海底的苏联 B-59 号潜艇投掷了五枚训练用深水炸弹逼迫其上浮。当时，苏联已授权在古巴掌握着核弹的部队在受到攻击且无法联络莫斯科的紧急情况下可自行决定是否使用手中的核武器。因为潜艇潜水很深，无法与莫斯科通信，B-59 号潜艇的舰长把美军的行动误判为核战争已经爆发，于是就做出了向美军发射核鱼雷的决定。幸亏按照当时苏联的军事规章，发射核鱼雷需要有舰长、政委和大副一致同意，而 B-59 号潜艇的大副瓦西里·阿尔系波夫（Vasili Arkhipov）最终否决了艇长的决定。就第二个问题来说，当时美国军方一直在试图逼迫肯尼迪同意军方拟定的在 10 月 29 日全面进攻和占领古巴的计划。军方并且暗示如果肯尼迪届时未能做出决定，军方就会按计划发起攻击。在此情况下，肯尼迪在拖延对军方进攻计划回复的同时通过多种非正式渠道与赫鲁晓夫进行秘密沟通，并且终于在 10 月 27 日晚上达成了一个双方都能接受的危机解决方案，简单总结就是苏联从古巴撤出全部中程核导弹，而美国相应地从意大利和土耳其撤回在 1959 年后逐渐部署

的 45 枚核弹头（有说 75 枚）。

古巴导弹危机在一定程度上可以说是一个决定整个人类命运的事件。但是危机的发展却受到多种难以控制因素的影响，并且在 10 月 27 日前，一场核冲突似乎随时都有可能发生。因此，对于这类事件进行反事实推理不仅具有理论意义，还有重大的现实意义。正是在这种令人后怕的反事实推理的推动下，美苏双方首脑在古巴导弹危机后都设置了由最高文官首领直接控制"核按钮"的系统，并且大大加强了对于核弹头的控制。出于同样的原因，美苏双方首脑在古巴导弹危机后不久就建立了热线，用以在紧急情况下的直接谈判，避免因为误判而导致核战争。也是出于同样的原因，反事实推理成了研究古巴导弹危机的一个重要逻辑方法。

在结束关于反事实推理的讨论前，笔者再想讲几句反事实推理与历史转折点（turning point）之间的关系。我们往往会用反事实推理来讨论一些具有历史转折点性质的事件，但是我们在做此类分析的时候千万不能忘记以下两点：首先，在大多数场合下一些事情发生了或者没有发生并不完全是出于偶然。其次，一个重大历史事件的不同结局在绝大多数情况下只对中短期历史有某种转折点意义，随着我们把历史的尺度不断拉长，此重大历史事件在绝大多数情况下都会变得无关紧要（Braudel 2009）。

加大被解释问题的信息量

加大被解释问题的信息量是笔者长期推行的一种用以弥补机制解释缺陷的方法。加大被解释问题的信息量的逻辑基础非常简单,那就是一个能解释更多现象的理论肯定是一个更好的理论。如果我的这个逻辑是对的,那么社会学家在研究开始时就应该马上想到加大自己研究问题的信息量,但是社会学在实际发展中却没有遵循这一路径。绝大多数社会学名著,比如摩尔的《民主与专制的社会起源》、斯考契波的《国家与革命》以及科尔曼和李普希特的《工会民主》(Lipset,Trow and Coleman 1956)等等,都是从一个或者极少数几个问题开始,然后构建一个合理的结构/机制性叙事寻求对书中提出的问题做出解释。我在前面就已经指出,这种提问和解释方法在逻辑上有"多对一"问题或者说过度决定问题,即对于一个给定的问题,我们一般都能找到多个能解释这一问题的机制,虽然有些机制在经验上完全站不住脚。

西方社会学家并非不知道加大被解释问题的信息量的好处,但是他们在方法上却没有朝着这条道路发展。扼要而言,西方学者的"忽视"来自于他们并不对"质性研究被解释问题的信息量往往太小"这一逻辑缺陷有很大的担心。他们的理由是:如果理论 X 能解释经验现象 A,但是不能解释经验现象 B,后来者就会提出一个同时能解释经验现象 A 和 B 的新理论 Y。如果理论 Y 能解释经验现象 A

和 B，但是不能解释经验现象 C，后来者就会提出一个同时能解释经验现象 A、B 和 C 的新理论 Z。就这样，随着新提出的理论能解释的东西逐渐增多，问题的信息量自然会增大，我们也就自然地会逐渐逼近事实。以上这一逻辑貌似合理，实际却是自然科学思维方式在社会科学中的误用。我举两个例子来说明这一点。

我的第一个例子是由尼志伟提出的（Nee 1989），曾经主宰了当代中国研究长达十几年的"市场转型理论"。市场转型理论的要义是：中国的传统计划经济属于一种按政治原则进行利益分配的"再分配经济"。在这一体制下，那些有着较高政治资本的人士（比如干部和党员）就会在利益分配上占据优势。但是，随着市场经济在中国的发展，市场分配原则就会占据主导，或者说那些有着较高人力资本（比如学历和专长）的人士就会在利益分配上占据优势。这一理论有自己的逻辑，却忽略了社会权力的一些最为主要的性质。我们可以从两个方面来理解这一理论的误区。首先，型塑市场分配的价格规律只是一个机制，但是国家却是个行动者，有着很大的自主性权力，并且可以从多个方面有意无意地改变着市场分配机制在社会中的重要性。其次，面向市场的经济行动者手中的强制性力量非常有限，而政治行动者手中却掌握着大量的强制性力量（比如国家手中掌握着军队、警察乃至法律和法令的制定等等）。因此，从理论上来讲，政治行动者对经济行动者的控制能力往往要比经济行动者对政治行动者的控制能力大许多。这

两个方面的理论误区使得尼志伟对于中国发展的预测产生了方向性的错误，具体说就是近几十年来中国的国家力量及其对社会方方面面的影响不但没有在市场经济发展过程中逐渐减弱，反而在不少方面明显增强了。

尼志伟的文章发表后，许多学者从各个方面来驳斥或者修正他的观点。这些文章的核心无非就是想用更好的数据和更精细的统计来论证诸如干部、党员等政治身份仍然在中国社会的工资收入中起着统计意义上的显著作用。这类文章虽然大方向没错，但是却没有带着我们逐渐逼近事实，因为它们都没能抓住一个关键：近20年来决定中国经济分配的最大因素主要有两个——其一是个人的户口所在地，具体说就是某人户口所在地的土地和住房是否在由国家所推动的经济发展和城市扩展过程中被征用，并且由此获得了多少补偿；其二是某人是否买了房子，在什么地方、什么时候买的房子，以及买了几套房子。凡是在近二十年来城市面积几十倍的快速扩张中有过退赔和买房经历的中国人都变得富有了。担任着某些职位的城市和农村干部在这个过程中的收益很多，但是大量的人力资本很低、原来很贫穷的进城打工的"农民工"或者新城市居民因为家中有土地资源，再加上穷则思变，因而比城里人有更大的投资购房热情，因此也获益很多。总体来说，退赔补偿和购房致富是一个全民现象，收益人口可达数亿。这个群体构成了中国一个奇特的、人力和政治资本都很低，但是却颇有些财产的"中产阶级"。需要强调，虽然围绕着尼志伟的

理论而产生的所谓"市场转型理论"给我们带来了误区，这类工作也并不是没有意义。至少，它提供了一个促使我们做进一步思考的出发点。

我的第二个例子是组织社会学中的组织生态理论（Hannan and Freeman. 1977，1989）。在组织生态理论出现之前，专家们一般会从组织对环境的适应能力（如：March and Simon 1958；Selznick 1984），及其组织的资源、策略、对于相关技术的掌握以及内部协调等等方面来分析组织的成功与否（Perrow 1961）。但是组织生态理论的创导者对此有不同看法。他们的观点可以总结为：如果我们把某类组织作为一个总体来看，其中单个组织成败的最大原因往往不是该组织对环境的适应能力（adaptation），而是环境的选择（selection）压力。具体说就是，当某个类型的组织在社会上刚出现时，它们所面临的主要是大家能不能接受的问题，或者说合法性问题。在此时，合法性压力将是此类组织"死亡"的最主要原因。但是，当这类组织发展到一定程度并且在社会上被广为接受后，它们之间的竞争激烈程度也会随着此类组织数量的增加而增强。此时，密度制约竞争的压力就成了这类组织最主要的"死亡"原因。简言之，组织的消长是由合法性和密度制约这两个环境选择机制所决定的。

尼志伟的文章把社会行动者和机制放在一起分析了，因此在学理逻辑上出了些问题。但是，组织生态理论所揭示的机制则是货真价实的具有普适性的机制。可以说这一

理论对于社会学的贡献要比尼志伟的理论大得多。但是，正因为这一理论更具普遍意义，它的后继工作就更多，影响就更大，因此把大家带入一条道路后走得也就更远。组织生态理论出现后的几十年中，大量同类工作不断跟进，并且许多文章都发表在西方社会学以及相关学科的顶级期刊上。同时，学者们还在组织生态领域引入网络分析及其他各种定量方法，硬是把组织生态研究发展成了一个自闭性很强的组织社会学亚领域。问题是，组织生态学方法一般只能用于研究数量很多并且互相之间十分相似的小型组织（比如某一类型的饭馆），而很难用于研究同类组织数量很少但规模很大的大型组织（比如国家、天主教会，或者像阿里巴巴、腾讯、沃尔玛和谷歌这样的大公司）。此外，组织生态理论在提供了新视角的同时也把我们带入了本体论上的死胡同：组织生态学得以发展起来的一个重要前提就是强调应该从环境的选择压力，而不是组织对环境的适应能力来考察组织的发展，这就使得组织生态学视角与那些从组织文化、组织内部差异和组织决策等角度来考察组织发展的理论很难契合，因为考察组织内部的运作会从根本上否定组织生态学得以产生和发展起来的出发点。换句话说，组织生态学视角的确给我们带来了片面深刻，但却很难让我们在它的基础上做进一步的发展，因为大多数组织行为和后果的差异毕竟来自对环境的"适应"，而不是环境的"选择"。

以上两个例子告诉了我们，社会学中大量领域的研究

或者由于起点假定有误，或者由于起点假定太偏，以至于这些研究虽然都给我们带来了一些新的思考起点或者看问题的视角，但是当我们用它们来解释现实社会现象时，往往会产生隔靴搔痒之感。这就促使笔者去探索一个新的研究思路。以往的研究策略往往从一个或者数个经验问题开始，然后试图构建一个合理的叙事以寻求对这些经验问题做出解释，而我则反其道而行之，即一下子提出大量的研究问题（每个问题都可以在逻辑上理解为一个因变量），并且对这些问题在同一理论框架下做出解答。

笔者在 *The Confucian-Legalist State: A New Theory for Chinese History*（以下简称《儒法国家》）一书中就提出了一大堆基于对差异性历史现象观察而总结出来的"为什么"问题［集中见于第 6—9 页，但是也散见于整个著作］(Zhao 2015)，比如：为什么战国初期各国都先后发展成了科层制帝国？为什么被后世称为"法家"的学说在战国时期的"诸子百家"中脱颖而出发展成了国家意识形态？为什么是秦，而不是其他国家统一了中国？为什么强秦的国祚极短？为什么西汉时期出现的儒法国家政治体制能绵延至 20 世纪？为什么世界上只有中华帝国的国家体系能以比较相似的方式延续两千余载？为什么在几大文明中，中国有着最为强大的国家传统？为什么中国早在西汉时期就开始了文官统治，并且文官统治在宋代开始取得了比较能持续的主宰地位？为什么世界上绝大多数帝国都是通过军事征服来扩张领土，而中国却很大程度上是因为被游牧和半

游牧民族征服而被动性地成就了领土的拓展？为什么对欧亚大陆历史发展影响最大的游牧帝国（比如匈奴、突厥和蒙古）都出现在中国北方，而不在其他地区？为什么超验性宗教未能对中国政治施加重大影响？为什么与西方文明相比，中华帝国保持了很大的宗教宽容度？为什么商人在中国历史上始终无法在政治领域担当重要角色？为什么明清发达的商品经济完全没有可能带着中国走向工业资本主义？除了这些宏观层面的问题外，我还在书中提了许多中观和微观层面的"为什么"问题，并且试图在同一理论框架下对提出的所有问题进行解释。这一方法要求学理逻辑和经验事实之间有大面积的情景和时间序列互洽性与逻辑合理性，因此通过这一方法所建立的结构/机制叙事与事实的差距可能就会小一些。笔者的这一方法给自己的叙事和分析带来了难度，但是它同时也给批评者带来了难度。在这一方法的保障下，对笔者观点的一个有效的批评不能只指出《儒法国家》忽视了什么历史事实（因为任何一部历史著作都不可能包含该段历史的所有信息），或者哪一个论点有误，而需要提出另外一个理论，那个理论不但能解释我所提出的一大堆问题，同时还要能解释那些被《儒法国家》一书所"忽视"的其他历史事实。当代社会学的认识论受到现象学、后结构主义理论和后现代理论很大影响。在这些理论的指导下，大量学者甚至会认为任何叙事都是建构。笔者承认任何对于历史的叙事都是一个建构，但是同时也想强调不同的建构其质量还是非常不同的，而评价

叙事质量的一个重要准则就是某一叙事背后的理论所能容纳差异性经验现象的广度。这是一个在社会科学中一直被忽视的认识论。

以上我所介绍的方法试图通过同时回答许多问题来提高结构/机制性叙事在经验上的可靠性（或者说通过给予大量问题以一个统一的合理解答来缩小诠释圈）。但是我们也可以通过加大单个研究问题的信息量来构建一个在经验上更为合理的叙事。目前，西方的质性社会学在方法论上一般都同时存在着研究问题单个和问题的信息量很小这两个问题。比如斯考契波（Skocpol 1979）《国家和社会革命》一书的核心问题是为什么法国、俄国和中国发生了社会革命？她的这一问题的信息量只有8。[①] 还比如，在《专制和民主的社会起源》一书中，摩尔（Moore 1966）分析了在现代化的道路上为什么英国、法国和美国走向了议会民主道路，日本走向了法西斯道路，中国走向了共产主义革命（摩尔书中也分析了印度的发展路径，但是他把印度作为一个例外来处理了）。就摩尔的问题来说，它的信息量也仅仅是3^5（5个国家，3个可能）。

在质性社会学研究中，我所见过的单个研究问题信息

[①] 即每个国家都有发生革命和不发生革命两种可能，它们的组合共产生了$2\times2\times2=8$种可能性。为了简单和统一起见，本书在计算提问的信息量时都采用了同概率假定。就以上的计算来说，我假定的是发生还是没有发生革命在法国、俄国和中国这三个国家的概率同等。质性研究中的变量往往是分类型的。对于分类型变量（categorical variable）来说，在每个类别在具体的经验案例中的可能性无法进行定量测算的情况下采取同概率假定应该是一个稳妥的办法。

量最大的研究是孙砚菲（2019）在《社会学研究》上发表的一篇题为《零和扩张思维与前现代帝国的宗教政策》的文章。此文一共考察了 23 个前现代帝国对待国教以外的宗教的政策，但是文章却只有一个研究问题：在对待国教以外的宗教的宽容程度这一问题上，前现代帝国之间呈现了什么样的差别，以及为什么会产生这一差别？在文章中，孙通过以下四个准则测量了前现代帝国的宗教政策：该帝国是否许可国教以外的其他宗教合法存在；该帝国是否对被许可的宗教采取歧视态度；该帝国对不被许可宗教的压制程度的大小；该帝国是否对信仰其他宗教的群体采取强迫改信政策。依据这四个准则，孙砚菲把前现代帝国对国教以外宗教的态度分成了如下 6 个梯队（括号中是具体帝国的例子）：最宽容梯队（蒙古帝国、阿契美尼德帝国、安息帝国），第二梯队（罗马帝国、明帝国和清帝国等），第三梯队（萨珊帝国），第四梯队（除萨法维帝国外的所有伊斯兰帝国），第五梯队（除了西班牙帝国外的所有基督教帝国），最不宽容梯队（萨法维帝国和西班牙帝国）。孙所研究的每一个帝国对待国教以外的宗教的政策在理论上都可以归入以上 6 个梯队中的任何一个，而她一共考察了 23 个帝国。6 个梯队和 23 个帝国的交互组合一共产生了 6^{23} 种可能，或者说她通过经验事实排列出来的那 23 个帝国的具体宗教政策其实只是 6^{23} 个组合中的一种。如此巨大的单个问题信息量在质性社会学中可以说是绝无仅有。这就是为什么她的这一研究难度很大，而她所提出的理论与其他同

类理论——比如各国国家力量的不同、某一宗教是否是敌国的潜在盟友、各国文化的不同等等（Barkey 2008；Burbank and Cooper 2010；Laitin 2009）——相比具有更大的说服力，因为如果反驳者提出任何一种其他的替代理论，该理论将很难解释那 23 个帝国对待国教以外的宗教的宽容度方面为什么出现了以上的 6 个梯队的排序。① 也是因为同样的原因，包括钱穆在内的不少中国学者（见：马戎 2018）所提出的中华文明对外来宗教和文化的"罕见包容度"理论就需要做出修正：古代中国对外来宗教的宽容程度明显低于蒙古帝国、阿契美尼德帝国和安息帝国，与罗马帝国相当。换句话说就是，在一个更大的比较框架下，古代中国并不特殊。

需要提醒的是，对于质性研究来说加大研究问题的信息量是需要追求的目标，但这不等于每个研究都必须这么做。相比于定量研究，质性研究最大的优点就是能把历史背景、历史事件、社会行动者的行动以及在时间过程中的互动融入因果关系分析中，由此产生的高度情境化的叙事能和因果关系分析互证，这是定量分析没法做到的。这就是为什么许多从小信息量发问出发的研究（比如本书提到

---

① 孙的理论为：一个帝国对待国教以外的宗教的宽容度主要由两个与国教性质有关的机制性因素所决定——国教的排他性和扩张性（zero-sum and evangelism）。帝国国教的教义越具有非此即彼、非真则误的排他趋向，该帝国就越不能容忍其他宗教的存在；帝国国教教义的性质越具有扩张性，该帝国愿意给其他宗教提供的空间就越小。如果一个帝国的国教同时具有很强的排他性和扩张性，那么这一帝国对国教之外宗教的宽容度就最低。这一理论点明了意识形态的重要性，特别是当一个帝国被具有某些特色的意识形态绑架了之后，其后果有多可怕。

过的威尔逊对美国黑人悲惨的生活处境的研究）在经验上也会有很大的准确性，并且同样会有理论意义。有社会学家会把质性的比较研究与统计分析做简单类比，强调质性研究在方法上有案例太少、影响因素太多的弱点（Goldthorpe 1997；Lieberson 1991，1994；Mahoney and Rueschemeyer 2003，第 1 章）。这是对质性研究性质极大的误解。此外，加大质性研究发问的信息量本身也是一件非常难的事情。这不但需要我们对多个案例有着深入的了解，还需要我们对各种差异性现象有很强的洞察力。青年学者在学习以差异性发问为基础的社会学研究时需要循序渐进，首先掌握好比较常规的小信息量发问，然后再迈向大信息量发问这一"深水区"。

还需要指出，本章所介绍的五种方法并不囊括社会学所有的缓解机制解释的认识论弱点的方法。对于任何一位社会学家来说，最为基础的训练必须是培养获取和诠释各种材料的能力。这里包括文史地和数理化等方面的知识、阅历、类比/联想和反思能力，在采访和交谈中与各种人打交道的本领和在交谈中榨取多种信息的能力，阅读各类"文本"所需要的语言和专门知识的训练，对于归纳、推理、回溯方法等多种逻辑方法的熟练掌握，以及从各种间接信息（proxy）中榨取有用材料的能力。就当前中国的社会学来说，许多研究往往都失败在这些属于"基本功"范畴的诠释能力上。或许增强做学问的基本功才是中国社会学发展的当务之急。

结语

结构/机制叙事和时间序列叙事是人类试图理解各种社会现象时的两类最为基本的叙事方式,这两类分析手法因此也就构成了社会科学中两个最为核心的基础性学科——社会学和历史学。与传播学、管理学、法学和商学等应用性社会科学一样,社会学的生命力在于对当下的各种重要社会议题及其来龙去脉给出各种具有启迪性,甚至是具有现实指导意义的回答。社会学不同于应用性社会科学之处在于以下三点:第一,应用性社会科学学科更关注当下,而社会学在关注当下的同时对各种与当下有关的历史问题也非常关切。第二,虽然主导着各个应用性社会科学学科的分析手法也往往是结构/机制叙事和时间序列叙事,但是应用性社会科学学科的重点并不在发展和完善与结构/机制分析相关的各种复杂的"语法"现象,但这却是社会学的一个重点。第三,虽然结构/机制叙事会在应用性社会科学的各个学科中占据着一定主导,其他社会科学基础学科(比如历史学、人类学、经济学、政治学和心理学)的分析手法也会毫无负担地出现在应用性社会科学的各个学科之

中。这一点与社会学有着根本性的不同:社会学也会与其他社会科学基础学科的分析视角形成交叉,但是这些交叉总是会回到如何进一步发展结构/机制分析视角以及弥补结构/机制分析视角的各种弱点这些具有理论意义的议题上。总之,社会学所研究的不仅仅是各种具体的社会现象(这一点与那些应用性社会科学没有任何区别),还包括不断追求着加深对社会学中各种结构/机制概念的理解,改进着各种结构/机制分析与叙事方法,发掘着新的结构/机制视角和新的分析与叙事的可能性,思考着不同结构/机制方法的弱点,反思着在给定时空中我们的问题意识以及我们的知识生产(包括社会科学知识生产)方式所具有的各种特色和局限。社会学因此是大量的社会科学学科的母学科。

基于笔者对社会学的理解,本书讨论了作为社会学基础的三个最为核心的问题:第一,社会结构和社会机制,以及围绕着社会结构和社会机制的多重复杂性而衍生出的各种理论问题;第二,结构/机制解释在经验层面和方法层面上面临着的多种难以完全解决的困境;第三,针对结构/机制解释在经验层面上的弱点社会学家发展出来的五种解决方案,即准实验方法、排除其他可能解释方法、置机制于事件顺序和历史情景之中方法、反事实推理方法以及加大被解释问题信息量方法。笔者认为,在这五种方法中,"加大被解释问题的信息量"这一方法从认识论角度来说应该最为牢靠。但是我同时要强调,即使是这一方法也不能保证我们所建立的解释在经验上就完全靠得住——它只能

缩小诠释圈,并不能关闭诠释圈。

本书中所讨论的许多议题和方法论问题都是作者多年来在思考社会科学和社会学的特点、社会科学和自然科学的区别,以及主导当前西方社会学方法的特点和误区时所获得的一些体会。其中有些议题和方法中外学者也在思考(虽然思考的起点和结论都不相同),而另外一些议题和方法论思考则还没有完全进入中外学者的视野。笔者的这本小册子的一个特点就是许多观点有一定的原创性。

社会科学解释在经验上的不确定性给社会学带来了多方面的紧张。比如,在社会学中通过归纳和演绎所得出的结论都不见得能准确反映事实(赵鼎新 2015)。如果是这样的话,我们在社会学中应当如何较好地应用这些逻辑?我们应该追求解释在经验层面上的准确性,还是解释在视角上的新颖性?我们是否应当放弃解释社会现象的愿望,而着重去挖掘和建构各种社会现象背后的多重意义,并且将这些意义通过各种概念呈现出来?如果我们着重去挖掘和建构社会现象后的各种意义而不是去解释社会现象,那么我们对社会现象的认知基础又是什么,或者说对于同一社会现象的不同角度的意义性建构的优劣如何判别?为什么有些社会学概念一经提出马上就产生广泛影响,而更多的概念却像棉花落地毫无声息?既然概念和概念化在社会学中如此重要,我们是否应当从理论上更全面地思考社会学概念和其他概念(比如自然科学的概念)之间的异同,以及各种社会学概念的方法论基础?社会学的结构叙事和历

史学的时间叙事之间到底有哪些紧张，或者说我们应当如何理解这两者之间的关系？社会学家多多少少都看重社会结构和社会机制对于个人行为乃至社会形态和社会发展的作用，但是在一个给定国家或者给定时空中，社会学家往往会强调某些结构和机制的力量，而忽视另外一些结构和机制的力量。问题是，造成这一差别的原因是什么？是所面对的社会事实不同？是学科在"进步"？是学科内部发展逻辑所致？还是有其他原因？社会学家个人的价值观在研究中起到的是什么样的作用？又有什么方法能降低我们在研究中对自己价值观的依赖？最后，理论探讨并不能代替具体的经验研究。读过本书或者其他著作，甚至是大量经典著作并不等于你就懂得了社会学。社会学的最难之处就在于通过对经验案例中的差异性现象（对于一个优秀学者来说，只有差异性的现象才是有意义的现象）的捕捉来发现问题、提出问题，并给出系统的分析和解答。因此，作为社会学家来说我们应当如何捕捉问题和提出问题，以及有什么准则能衡量不同问题之间的优劣？

以上提出的应该都是社会学中的一些最为核心的理论和方法论问题，也是笔者长期思考的问题。笔者在国内发表过的多篇文章，包括《解释传统和解读传统》（赵鼎新2004）、《社会科学研究的困境：从与自然科学的区别谈起》（赵鼎新2015）、《论"依法抗争"概念的误区：对李连江教授的回应》（赵鼎新2016b）、《哲学、历史与方法——我的回应》（赵鼎新2016c）、《从美国实用主义社会科学到中国

特色社会科学——哲学和方法论基础探究》(赵鼎新 2018)、《时间、时间性与智慧：历史社会学的真谛》（赵鼎新 2019)、《论机制解释在社会学中的地位及其局限》(赵鼎新 2020)，其实都是在针对以上的某些问题在展开讨论。在今后几年内，笔者将进一步就以上的问题写些文章，争取通过逐渐积累写出一本带着中国人智慧的，并且对经验研究有一定指导意义的社会学方法论著作。这本小册子所探讨的则可以被看作一个起点。

参考文献

毛泽东,1966,《毛泽东选集》,一卷本,北京:人民出版社。
马克思,2012,《关于费尔巴哈的提纲》,《马克思恩格斯选集》(第三版)第一卷,北京:人民出版社。
马克思,2012,《路易·波拿巴的雾月十八日》,《马克思恩格斯选集》(第三版)第一卷,北京:人民出版社。
马戎,2018,《中华文明的基本特质》,《学术月刊》,no. 1:151-161。
彭玉生,2011,《社会科学中的因果分析》,《社会学研究》,no. 3:1-32。
孙砚菲,2019,《零和扩张思维与前现代帝国的宗教政策——一个以政教关系为中心的分析框架》,《社会学研究》,no. 2:96-122。
徐竹,2012,《当代社会科学哲学的因果机制理论述评》,《哲学动态》,no. 3:95-101。
张长东,2018,《社会科学中的因果机制:微观基础和过程追踪》,《公共管理评论》,no. 1:10-21。
赵鼎新,2004,《解释传统还是解读传统——当代人文社会科学出路何在》,《社会观察》,2004年第6期:32-33。
——,2006,《社会与政治运动讲义》,北京:社会科学文献出版社。
——,2015,《社会科学研究的困境:从与自然科学的区别谈起》,《社会学评论》,3(4):3-18。
——,2016a,《路径不依赖,政策不相干:什么才是中国经济成功的关键?》,《学海》,2:116-124。
——,2016b,《论"依法抗争"概念的误区:对李连江教授的回

应》,《社会学评论》,4(1):49-55。

——,2016c,《哲学、历史与方法——我的回应》,《开放时代》,5:47-55。

——,2018,《从美国实用主义社会科学到中国特色社会科学——哲学和方法论基础探究》,《社会学研究》,1:17-40。

——,2019,《时间、时间性与智慧:历史社会学的真谛》,《社会学评论》,7(1):3-17。

——,2020,《论机制解释在社会学中的地位及其局限》,《社会学研究》,2:1-24。

周雪光,2003,《组织社会学十讲》,北京:社会科学文献出版社。

Abbott, Andrew. 2001. *Time Matters: On Theory and Method*. Chicago: University of Chicago Press.

——. 2005. "Linked Ecologies: States and Universities as Environments for Professions." *Sociological theory* 23: 245–274.

——. 2007. "Mechanisms and Relations." *Sociologica* 2: 1-22.

——. 2016. *Processual Sociology*. Chicago: University of Chicago Press.

Alcock, John. 2001. *The Triumph of Sociobiology*. Oxford, UK: Oxford University Press.

Alexander, Jeffrey C., Bernhard Giesen, Richard Munch, and Neil J. Smelser, eds. 1987. *The Micro-Macro Link*. Berkeley: University of California Press.

Alexander, Karl L., Bruce K. Eckland and Larry J. Griffin. 1975. "The Wisconsin Model of Socioeconomic Achievement: A Replication." *American Journal of Sociology* 81: 324–42.

Axelrod, Robert M. 1984. *The Evolution of Cooperation*. New York: Basic Books.

Barkey, Karen. 2008. *Empire of Difference: The Ottomans in Comparative Perspective*. Cambrirge, UK: Cambridge University Press.

Barkow, Jerome, ed. 2006. *Missing the Revolution: Darwinism for Social Scientists*. Oxford: Oxford University Press.

Bates, Robert H., Avner Greif, Margaret Levi, Jean-Laurent Rosenthal, and Barry R. Weingast. 1998. *Analytic Narratives*. Princeton: Princeton University Press.

Beach, Derek, and Rasmus Brun Pedersen. 2013. *Process-Tracing Methods*. Ann Arbor: University of Michigan Press.

Bellah, Robert. 1957. *Tokugawa Religion: The Cultural Roots of Modern Japan*. New York: The Free Press.

Berger, Peter. 1967. *The Sacred Canopy: Elements of a Sociological Theory of Religion*. Garden City, NY.: Doubleday & Company.

Blank, Rebecca, Marilyn Dabady, and Constance Citro, eds. 2004. *Measuring Racial Discrimination*. Washington, D. C.: National Academies Press.

Blau, Peter. M. 1974. "President Address-Parameters of Social Structure." *American Sociological Review* 39: 615–35.

Blau, Peter. M., and Otis D. Duncan. 1967. *The American Occupational Structure*. New York: John Wiley.

Blumer, Herbert. 1946. "Elementary Collective Behavior." pp. 170–77, in *New Outline of the Principles of Sociology*, edited by Alfred McClung Lee. New York: Barnes & Noble, Inc.

Bourdieu, Pierre. 1977. *Outline of a Theory of Practice*. Cambridge, UK: Cambridge University Press.

Bourdieu, Pierre, and Loïc J. D. Wacquant. 1992. *An Invitation to Reflexive Sociology*. Chicago: University of Chicago Press.

Braudel, Fernand. 2009. "History and the Social Sciences: The Longue Durée," Translated by Immanuel Wallerstein. *Review* 32: 171–203.

Bruce, Steve. 2002. *God is Dead: Secularization in the West*. Malden, Mass.: Blackwell.

Bryson, Reid A., and Christine Padoch. 1981. "On the Climate of History." pp. 3–17, in *Climate and History: Studies in Interdisciplinary History*, edited by Robert I. Rotberg and Theodore K. Rebb. Princeton: Princeton University Press.

Burt, Ronald S. 1995. *Structural Holes: The Social Structure of Competition*. Cambridge: Harvard University Press.

Cardoso, Fernando Henrique, and Enzo Faletto. 1979. *Dependency and Development in Latin America*. Berkeley: University of California Press.

Centola, Damon. 2015. "The Social Origins of Networks and Diffusion." *American Journal of Sociology* 120: 1295–1338.

Coleman, James. S. 1990. *Foundations of Social Theory*. Cambridge, Mass.: Cambridge University Press.

Collins, Randall. 2005. *Interaction Ritual Chains*. Princeton: Princeton University Press.

Collins, John, Ned Hall, and Laurie A. Paul, eds. 2004. *Causation and Counterfactuals*. Cambridge, Mass.: MIT Press.

de Soto, Hernando. 2003. *The Mystery of Capital: Why Capitalism Triumphs in the West and Fails Everywhere*. New York: Basic Books.

Diamond, Larry. 2002. "Elections without Democracy," *Journal of Democracy* 13: 21–36.

DiMaggio, Paul J., and Walter W. Powell. 1983. "The Iron Cage Revisited: Institutional Isomorphism and Collective Rationality in Organizational Fields." *American Sociological Review* 48: 147–160.

Elster, Jon. 1989. *Nuts and Bolts for the Social Sciences*. Cambridge, Mass.: Cambridge University Press.

——. 1998. "A Plea for Mechanism." pp. 45–73, in *Social Mechanisms: An Analytical Approach to Social Theory*. Edited by Peter Hedstrom and Richard Swedberg. Cambridge, Mass.: Cambridge University Press.

Emirbayer, Mustafa. 1997. "Manifesto for a Relational Sociology." *American Journal of Sociology* 103: 281–317.

Etcoff, Nancy. 1999. *Survival of the Prettiest: The Science of Beauty*. New York: Anchor Books.

Evans, Peter. 1995. *Embedded Autonomy: States and Industrial Transformation*. Princeton: Princeton University Press.

Evans, Peter, B., Dietrich Rueschemeyer, and Theda Skocpol, eds. 1985. *Brining the State Back In*. Cambridge: Cambridge University Press.

Feld, Scott L. 1982. "Social Structural Determinants of Similarity among Associates." *American Sociological Review* 47: 797–801.

Festinger, Leon, Stanley Schachter, and Kurt Back. 1950. *Social

Pressures in Informal Groups. Stanford: Stanford University Press.

Finke, Roger, and Rodney Stark. 2005. *The Churching of America, 1776 – 2005: Winners and Losers in Our Religious Economy*. New Brunswick: Rutgers University Press.

Frank, Andre Gunder. 1967. *Capitalism and Underdevelopment in Latin America: Historical Studies of Chile and Brazil*. New York: Monthly Review Press.

Fukuyama, Francis. 1992. *The End of History and the Last Man*. New York: Free Press.

Garfinkel, Harold. 1967. *Studies in ethnomethodology*. New Jersey: Prentice-Hall.

George, Alexander L, and Andrew Bennett. 2005. *Case Studies and Theory Development In the Social Sciences*. Cambridge, Mass.: MIT Press.

Giddens, Anthony. 1984. *The Constitution of Society: Outline of the Theory of Structuration*. Cambridge, UK: Polity Press.

Gieryn, Thomas F. 2000. "A Space for Place in Sociology." *Annual Review of Sociology* 26: 463 – 496.

Glock, Charles. 1964. "The Role of Deprivation in the Origin and Evolution of Religious Groups." pp. 24 – 36, in *Religion and Social Conflict*, edited by Robert Lee and Martin Marty. Oxford: Oxford University Press.

Goffman, Erving. 1959. *The Presentation of Self in Everyday Life*. New York: Doubleday.

Goldstone, Jack. 2001. "Toward A Fourth Generation of Revolutionary Theory." *Annual Review of Political Science* 4: 139 – 87.

Goldthorpe, John H. 1997. "Current Issues in Comparative Macrosociology: A Debate on Methodological Issues." *Comparative Social Research* 16: 1 – 26.

Goodwin, Jeff. 2001. *No Other Way Out: States and Revolutionary Movements, 1945 – 1991*. Cambridge: Cambridge University Press.

Gould, Roger V. 1991. "Multiple Networks and Mobilization in the

Paris Commune, 1871." *American Sociological Review* 56: 716 – 29.

Gourou, Pierre. 1966. *The Tropical World*. Longman.

Graham, Allison. 1971. *Essence of Decision: Explaining the Cuban Missile Crisis*. Boston: Little Brown.

Haller, Archibald O. 1982. "Reflections on the Social Psychology of Status Attainment." pp. 3 – 28, in *Social Structure and Behavior: Essays in Honor of William Hamilton Sewell*, edited by Robert, M. Hauser, David Mechanic, Archibald O. Haller, and Taissa S. Hauser. New York: Academic Press.

Hannan, Michaal T., and John Freeman. 1977. The *American Journal of Sociology*." *American Journal of Sociology* 82: 929 – 964.

——. 1989. *Organizational Ecology*. Cambridge, Mass.: Harvard University Press.

Hayek, Friedrich A. 1944. *The Road to Serfdom*. Chicago: University of Chicago Press.

Hedstrom, Peter, and Richard Swedberg. 1998. *Social Mechanisms: An Analytical Approach to Social Theory*. Cambridge, Mass.: Cambridge University Press.

Inglehart, Ronald. 1997. *Modernization and Postmodernization*. Princeton: Princeton University Press.

Kelley, Dean M. 1972. *Why Conservative Churches Are Growing: A Study in Sociology of Religion*. New York: Harper & Row.

Kemper, Theodore D. 1990. *Social Structure and Testosterone: Explorations of the Socio-bio-social Chain*. New Brunswick: Rutgers University Press.

Kiser, Edgar, and Yong Cai. 2003. "War and Bureaucratization in Qin China: Exploring an Anomalous Case." *American Sociological Review* 68: 511 – 39.

Knoke, David, and Edward Laumann. 1987. *The Organizational State: Social Choice in National Policy Domains*. Chicago: University of Chicago Press.

Kohli, Atul. 2004. *State-Directed Development: Political Power and Industrialization in the Global Periphery*. Cambridge, MA:

Cambridge University Press.

Koopmans, Ruud. 2003. "A Failed Revolution-But a Worthy Cause." *Mobilization* 8: 116–119.

Kossinets, Gueorgi, and Duncan J. Watts. 2009. "Origins of Homophily in an Evolving Social Network." *American Journal of Sociology* 115: 405–50.

Kuran, Timur. 1995. "The Inevitability of Future Revolutionary Surprises." *American Journal of Sociology*. 100: 1528–1551.

——. 1997. *Private Truths, Public Lies: The Social Consequences of Preference Falsification*. Cambridge, Mass.: Harvard University Press.

Laitin, David D. 2009. "Empires in Macro-Sociology." *International Studies Review* 11: 615–17.

Levitsky, Steven, and Lucan A. Way. 2010. *Competitive authoritarianism: Hybrid Regimes After the Cold War*. Cambridge University Press.

Lieberson, Stanley. 1991. "Small N's and Big Conclusions: An Examination of the Reasoning in Comparative Studies Based on a Small Number of Cases." *Social Forces* 70: 307–20.

——. 1994. "More on the Uneasy Case for Using Mill-Type Methods in Small-N Comparative Studies." *Social Forces* 72: 1245–37.

Lipset, Seymour Martin, Martin Trow and James S. Coleman. 1956. *Union Democracy: The Internal Politics of the International Typographical Union*. New York: Free Press.

Liu, Sida, and Mustafa Emirbayer. 2016. "Field and Ecology." *Sociological Theory* 34: 62–79.

Lofland, John. 1970. "The Youth Ghetto." pp.756–778, in *The Logic of Social Hierarchies*, edited by Edward Laumann, Paul M. Siegel, and Robert W. Hodge. Chicago: Marrham Publishing Company.

Lofland, John, and Rodney Stark. 1965. "Becoming a World-Saver: A Theory of Conversion to a Deviant Perspective." *American Sociological Review* 30: 862–875.

Mahoney, James. 2010. "After KKV: The New Methodology of Qualitative Research." *World Politics* 62: 120–47.

Mahoney, James, and Dietrich Rueschemeyer, eds. 2003. *Comparative Historical Analysis in the Social Sciences*. Cambridge: Cambridge University Press.

Mann, Michael. 2004. *The Dark Side of Democracy: Explaining Ethnic Cleansing*. Cambridge: Cambridge University Press.

March, James G., and Herbert Simon. 1958. *Organizations*. New York: Wiley.

Martin, David. 1979. *A General Theory of Secularization*. New York: Harper & Row.

Marx, Karl. 1978[1845]. "Theses on Feuerbach." pp. 143 – 5, in *The Marx-Engels Reader*, edited by Robert Tucker. New York: Norton.

Marx, Karl. 1978 [1852]. "The Eighteenth Brumaire of Louis Bonaparte." pp. 594 – 617, in *The Marx-Engels Reader*, edited by Robert Tucker. New York: Norton.

McAdam, Doug, John D. McCarthy, and Mayer N. Zald, eds. 1996. *Comparative Perspectives on Social Movements*. Cambridge: Cambridge University Press.

McAdam, Doug, Sidney Tarrow and Charles Tilly. 2001. *Dynamics of Contention*. Cambridge, Mass.: Cambridge University Press.

McClelland, David C. 1961. *The Achieving Society*. New York: Free Press.

McDaniel, Tim. 1988. *Autocracy, Capitalism and Revolution in Russia*. Berkeley: University of California Press.

McNeill, William H. 1998. *Plagues and Peoples*. New York: Anchor Books.

McPherson, Miller, Lynn Smith-Lovin, and James M. Cook. 2001. "Birds of a Feather: Homophily in Social Networks." *Annual Review of Sociology* 27: 415 – 44.

Merton, Robert K. 1967. "On Sociological Theories of the Middle Range." pp. 39 – 72, in *On Theoretical Sociology*. New York: Free Press.

——. 1968. *Social Theory and Social Structure*. New York: Free Press.

Meyer, John W., John Boli, George M. Thomas and Francisco O.

Ramirez. 1997. "World Society and the Nation - State" *American Journal of Sociology* 103: 144 – 81.

Mikoyan, Sergo. 2012. *The Soviet Cuban Missile Crisis*. Stanford University Press.

Moore, Barrington. 1966. *Social Origins of Dictatorship and Democracy*. Boston: Beacon Press.

Nathan, James. 1992. *The Cuban Missile Crisis Revisited*. New York: Palgrave.

Nee, Victor. 1989. "A Theory of Market Transition: From Redistribution to Markets in State Socialism." *American Sociological Review* 54: 663 – 681.

North, Douglass C. 1980. *Structure and Change in Economic History*. New York: Norton.

Olson, Mancur. 1965. *The Logic of Collective Action*. Cambridge: Harvard University Press.

Ostrom, Elinor. 1990. *Governing the Commons: The Evolution of Institutions for Collective Action*. Cambridge, Mass.: Cambridge University Press.

Pager, Devah, Bruce Western, and Bart Bonikowski. 2009. "Discrimination in a Low Wage Labor Market: A Field Experiment." *American Sociological Review* 74: 777 – 799.

Paige, Jeffrey M. 1975. *Agrarian Revolution: Social Movements and Export Agriculture in the Underdeveloped World*. New York: Free Press.

Parish, William L., Edward O. Laumann, and Sanyu A. Mojola. 2007. "Sexual Behavior in China: Trends and Comparisons." *Population and Development Review* 33: 729 – 56.

Perrow, Charles. 1961. "The Analysis of Goals in Complex Organizations." *American Sociological Review* 26: 854 – 866.

Pinker, Steven. 2002. *The Blank Slate: The Modern Denial of Human Nature*. New York: Penguin Books.

Polanyi, Karl. 1957. *The Great Transformation*. Boston: Beacon Press.

Poulantzas, Nichos and Ralph Miliband. 1972. "The Problem of the Capitalist State." pp. 238 – 62, in *Ideology in Social Science:*

Readings in Critical Social Theory, edited by Robin Blackburn. New York: Pantheon Books.

Rivera, Mark T., Sara B. Soderstrom and Brian Uzzi. 2010. "Dynamics of Dyads in Social Networks: Assortative, Relational, and Proximity Mechanisms." *Annual Review of Sociology* 36: 91–115.

Rostow, Walt, Whitman. 1960. *The Stages of Economic Growth: A Non-Communist Manifesto*. Cambridge: Cambridge University Press.

Said, Edward W. 1978. *Orientalism*. New York: Vintage Book.

Schedler, Andreas, ed. 2006. *Electoral Authoritarianism: The Dynamics of Unfree Competition*. Boulder, CO and London: Lynne Rienner.

Scott, Len, and R. Gerald Hughes, eds. 2015. *The Cuban Missile Crisis: A Critical Reappraisal*. New York: Routledge.

Selznick, Philip. 1984. *Leadership in Administration: A Sociological Perspective*. Berkeley, CA.: University of California Press.

Sewell, William H. Jr. 1985. "Ideologies and Social Revolutions: Reflections on the French Case. *Journal of Modern History* 57: 57–85.

——. 2005. *Logics of History: Social Theory and Social Transformation*. Chicago: University of Chicago Press.

Sewell, William H., Archibald O. Haller, and Alejandro Portes. 1969. "The Educational and Early Occupational Attainment Process." *American Sociological Review* 34: 82–92.

Skocpol, Theda. 1979. *States and Revolutions: A Comparative Analysis of France, Russia, and China*. Cambridge, Mass.: Cambridge University Press.

Smilde, David. 2005. "A Qualitative Comparative Analysis of Conversion to Venezuelan Evangelicalism: How Networks Matter." *American Journal of Sociology* 111: 757–796.

Smith, Benjamin. 2005. "Life of the Party: The Origins of Regime Breakdown and Persistence under Single-Party Rule." *World Politics* 57: 421–51.

Snow, David A., Louis A. Zurcher, and Sheldon Ekland-Olson. 1980. "Social Networks and Social Movements: A Microstructural Approach to Differential Recruitment." *American Sociological Review* 45. 787–801.

Stark, Rodney, and Roger Finke. 2000. *Acts of Faith: Explaining the Human Side of Religion*. Berkeley: University of California Press.

Stinchombe, Arthur L. 1991. "The Conditions of Fruitfulness of Theorizing about Mechanism in Social Science." *Philosophy of the Social Sciences* 21: 367–88.

Sun, Yanfei. 2017. "The Rise of Protestantism in Post-Mao China: State and Religion in Historical Perspective." *American Journal of Sociology* 122: 1664–1725.

———. 2019. "Reversal of fortune: growth trajectories of Catholicism and Protestantism in modern China." *Theory and Society* 48: 267–298.

Swidler, Anne. 1986. "Culture in Action: Symbols and Strategies." *American Sociological Review* 51: 273–286.

Tetlock, Philip E, and Aaron Belkin. 1996. *Counterfactual Thought Experiments in World Politics*. Princeton, NJ: Princeton University Press.

Tilly, Charles. 2002. *Stories, Identities, and Political Change*. Lanham, MA.: Rowman and Littlefield.

Wade, Robert. 1990. *Governing the Market: Economic Theory and the Role of Government in East Asian Industrialization*. Princeton: Princeton University Press.

Weber, Max. 1999. *The Protestant Ethic and the Spirit of Capitalism*. London: Routledge.

Wilson, Edward Osborne. 1978. *On Human Nature*. Cambridge, Mass.: Harvard University Press.

Wilson, William Julius. 1987. *The Truly Disadvantaged: The Inner City, the Underclass, and Public Policy*. Chicago: University of Chicago Press.

Wolf, Eric. R. 1969. *Peasant Wars of the Twentieth Century*. New York: Harper.

Yang, Zhang, and Dingxin Zhao. 2018. "Ecological and Spatial Contexts of Social Movements," in *Wiley Blackwell Companion to Social Movement*, edited by David Snow, Sarah Soule, Hanspeter Kriesi, and Holly McCammon (in Press).

Zhao, Dingxin. 1994. "Defensive Regime and Modernization." *Journal of Contemporary China* 3: 28–46.

———. 2001. *The Power of Tiananmen: State-Society Relations and the 1989 Beijing Student Movement*. Chicago: The University of Chicago Press.

———. 2004. "Spurious Causation in a Historical Process: War and Bureaucratization in early China." *American Sociological Review* 69: 603–7.

———. 2009. "Authoritarian Regime and Contentious Politics." pp. 459–76, in *Handbook of Politics: State and Society in Global Perspective*, edited by Kevin T. Leicht and Craig C. Jenkins. Springer Science.

———. 2015. *The Confucian-Legalist State: A New Theory for Chinese History*. New York: Oxford University Press.

Zhao, Dingxin, and John A. Hall. 1994. "State Power and Patterns of Late Development: Resolving the Crisis of the Sociology of Development." *Sociology* 28: 211–30.

乐 道 文 库

"乐道文库"邀请汉语学界真正一线且有心得、有想法的优秀学人,为年轻人编一套真正有帮助的"什么是……"丛书。文库有共同的目标,但不是教科书,没有固定的撰写形式。作者会在题目范围里自由发挥,各言其志,成一家之言;也会本其多年治学的体会,以深入浅出的文字,告诉你一门学问的意义,所在学门的基本内容,得到分享的研究取向,以及当前的研究现状。这是一套开放的丛书,仍在就可能的题目邀约作者,已定书目如下,由生活·读书·新知三联书店陆续刊行。

王汎森　《历史是一种扩充心量之学》

马　敏	《什么是博览会史》	**刘翠溶**	**《什么是环境史》**
王　笛	《什么是微观史》	孙　江	《什么是社会史》
王子今	《什么是秦汉史》	李有成	《什么是文学》
王邦维	《什么是东方学》	李伯重	《什么是经济史》
王明珂	《什么是反思性研究》	李雪涛	《什么是汉学史》
方维规	**《什么是概念史》**	**吴以义**	**《什么是科学史》**
邓小南	《什么是制度史》	沈卫荣	《什么是语文学》
邢义田	《什么是图像史》	张隆溪	《什么是世界文学》
朱青生	《什么是艺术史》	陆　扬	《什么是政治史》

陈正国	《什么是思想史》	夏伯嘉	《什么是世界史》
范　可	《什么是人类学》	唐晓峰	《什么是历史地理学》
罗　新	《什么是边缘人群史》	黄东兰	《什么是东洋史》
郑振满	《什么是民间历史文献》	黄宽重	《什么是宋史》
赵鼎新	《什么是社会学》	常建华	《什么是清史》
荣新江	《什么是敦煌学》	章　清	《什么是学科知识史》
侯旭东	**《什么是日常统治史》**	梁其姿	《什么是疾病史》
姚大力	《什么是元史》	臧振华	《什么是考古学》

（2021年7月更新，加粗者为已出版）